MÉXICO VÍA CORTA

MÉXICO VÍA CORTA

Memorias de un operador de autobuses

Luis G. López

Número de Control de la Biblioteca del Congreso de EE. UU.:   2014950552
ISBN: Tapa Dura   978-1-4633-9170-6
               Tapa Blanda   978-1-4633-9171-3
               Libro Electrónico   978-1-4633-9172-0

Este libro fue impreso en los Estados Unidos de América.

Fecha de revisión: 10/09/2014

Para realizar pedidos de este libro, contacte con:
Palibrio LLC
1663 Liberty Drive, Suite 200
Bloomington, IN 47403
Gratis desde EE. UU. al 877.407.5847
Gratis desde México al 01.800.288.2243
Gratis desde España al 900.866.949
Desde otro país al +1.812.671.9757
Fax: 01.812.355.1576
ventas@palibrio.com
670246

ÍNDICE

Prologo.. 11

Así empecé yo... 15

¡La juventud es una enfermedad que solo se cura con el tiempo!...... 17

10 Años después...18

Cuando te toca; aunque te escondas 20

Operador encargado 28

Según el sapo era la pedrada! 30

El origen del "NENE"...32

Las fiestas decembrinas...35

¡Malo por conocido! 36

Anatomía de un accidente 38

Las playas de Colima 39

Las mujeres son como los autobuses. 45

La campaña del candidato. 56

Central de Autobúses de Tepic, Nayarit. 56

Los retenes y el narco/transporte..............................58

Se me hace que no llega entera "Maistro" 67

El peregrino de la Paz 74

El Terremoto de 1985...95

"El Huracán del Siglo XX" 102

Estimulantes para no dormir 107

El valor de la experiencia 109

Hasta elefantes veo ya. 110

La inseguridad en las carreteras..............................112

Radio Banda Civil 115

La carambola de Polotitlan 117

Chihuahua-Mazatlán (Especial.- 120

¡A nadie se le ocurrió! 134

Los "defeños" y la nieve 137

Nunca nos preparamos para esto 142

Si quieres hacer reír a Dios; platícale tus planes......................147

Por andar de resbaloso 149

Algo de vital importancia 152

En caso de accidente... 157

Biografía.. 159

Siempre que se termina de escribir un libro, hay mucha gente a quien agradecer, ningún autor puede afirmar que escribió un libro sin la ayuda de nadie.

Debido a la situación por la que pasaba al momento de escribir, el apoyo de las siguientes personas e instituciones fue de vital importancia para la elaboración de este:

Biblioteca Latino Americana, de San Jose, California

Biblioteca Martin Luther King, de San Jose, California

Wikipedia, inagotable fuente de información

Rev. David Bird, Siempre dispuesto a darme buenos y valiosos consejos

Heike Soettke, Admirable secretaria y gran señora

Sr. Ernesto Adame, cuñado, pero ante todo gran amigo

Sr. Alfonso Méndez López, entrañable amigo y colaborador

Sra. Rosy Delgado y familia amigos entrañables

Este libro se termino de escribir en: **Agosto/23 de 2011**

A mis hijos:

José Luis, Verónica, Claudia Elena y Diana Karina

Con todo mi amor.................

PROLOGO

Han pasado 15 años desde que dejé de ejercer el oficio que tan orgullosamente desempeñé casi toda mi vida, esa vocación con la que se nace y de la cual nada ni nadie logra desprendernos.

Hoy, después de tanto tiempo debo admitir que todavía extraño desde la palanca de velocidades hasta el "roar" del motor, y soy sincero al decir que esa fué la etapa más feliz de mi paso por este mundo.

Cuando algunos de mis compañeros se percataron de mi dominio del idioma ingles casi siempre me preguntaban:

-¿Cómo es posible que andes en esto si estas mejor preparado para defenderte en la vida?- La respuesta siempre fue la misma:

-ME GUSTA.

Cuando se hace algo por vocación, se hace con gusto, ganas, creatividad, optimismo y por ende el resultado siempre será mucho mejor y a eso no se le puede llamar trabajo, yo soy uno de esos afortunados.

La época que formé parte del autotransporte de pasajeros estuvo llena de eventos que dejaron una profunda huella en el pueblo de

México y en la humanidad entera, tanto en el aspecto económico, político y social como dentro del nucleo familiar, los 80"s y la primera parte de los 90's tuvieron su ración de sucesos relevantes, algunos de ellos únicos y que no se repetirán por muchos años y para aquellos que los vivimos, nos será difícil olvidar.

Fuimos testigos de: El Terremoto, el Huracán y el eclipse del siglo, La visita del cometa Halley y las de Juan Pablo II, La XIII Copa Mundial de Futbol, también hicieron su aparición: La computadora personal, el teléfono celular, el SIDA, los discos compactos, el agua de Tlacote y la internet, la caída del muro de Berlín, la disolución de la Unión Soviética y la explosión del Challenger (primer tragedia de tal magnitud en la historia del transbordador espacial).

Al compartir mis experiencias, me he propuesto dos objetivos:

Exponer todo lo que sucede antes, durante y después de un viaje por autobús desde los ojos del personaje central.

Limpiar esa imagen tan desprestigiada que se tiene de los que dedicamos buena parte de nuestras vidas al auto transporte foráneo de pasajeros.

Los relatos aquí descritos corresponden a la época en que me desempeñe como operador de autobuses (1980-1995). Algunos me fueron contados por mis compañeros, de la mayoría fui testigo directo, o bien me fueron contados por algunos pasajeros. Quiero aclarar que las anécdotas carecen de orden cronológico y que mis ex-compañeros serán referidos por sus sobre nombres pues en honor a la verdad nunca supe los verdaderos nombres de la mayoría.

Si al término de este libro usted adopta una postura de más respeto hacia los operadores de transporte foráneo de pasajeros y desarrolla una actitud más defensiva y segura cuando salga a manejar en carretera o mejor aún, le evita ser partícipe de un trágico percance en su próximo viaje por carretera, habré logrado mi objetivo además de contribuir a incrementar la seguridad de las mismas.

De manera que cualquiera que sea su destino en la vida y citando las palabras del célebre JOSE ALFREDO: *"No hay que llegar primero sino hay que saber llegar"*, póngase cómodo, disfrute de esta lectura y: **Bienvenido a bordo!!!!!!!!!!!!!!!!!!!**

El Autor

ASÍ EMPECÉ YO

Sin recuperarme por completo del terrible fracaso que representó para mí no poder terminar la carrera de Piloto Comercial por falta de recursos económicos debido a que provenía de una familia numerosa y tuve que trabajar desde muy joven. Por aquel entonces vivía en la ciudad de México y trabajaba para el Banco Nacional de Crédito Ejidal (hoy BANRURAL) en el departamento de Contaduría general.

A mis 17 años, había terminado la Secundaria y una carrera comercial corta. El dinero era bueno y el trabajo también pero no suficiente para poderme costear los gastos de tan importante profesión y del Colegio del Aire de Zapopan ni hablar, la milicia y yo nunca nos llevamos bien.

Me seguía faltando algo, esa gran diferencia que se disfruta al respirar el aire libre y natural y no el controlado de la oficina, los rayos del sol en la cara y no la luz artificial de las lámparas de tubo, esas de luz blanca, el olor y la frescura del campo y no ese olor a legajo que se penetra hasta la ropa y que tarde o temprano se convierte en el aroma que identifica a los que se pasan toda la vida detrás de un escritorio.

A diario dedicaba mis tardes a tratar de definir cuál sería mi siguiente paso, tenía que encontrar mi premio de consolación y pronto, no quería que el tiempo se me acumulara trabajando para el Banco, definitivamente eso no era para mí, recuerdo que hasta tomé un examen psicométrico en ese tiempo muy de moda, sin poder encontrar entre los resultados aquella disciplina que determinaría mi futuro.

Un fin de semana de esos largos que hay durante el año, me fui a visitar a una ex-compañera de trabajo quién huyendo del ajetreo de la gran ciudad, se había mudado a un suburbio de Guadalajara, el viaje lo hice en autobús (En México el medio de transporte más económico y popular), al abordar me tocó sentarme en uno de los asientos de adelante del lado opuesto al conductor, mismo que me proporcionaba un amplio panorama de la carretera así como del tráfico que venía en dirección contraria, del tablero de instrumentos de la unidad y los movimientos del operador al conducirla los cuales por momentos parecían estar armonizados por la música del estéreo.

Luego de unas horas, iba muy entretenido admirando mi entorno: al horizonte el sol que casi para terminar su turno se disponía a brindarnos un espectáculo multi cromático maravilloso antes de perderse entre las majestuosas montañas de mi México tan hermoso para dar paso a otro más bello aún; las noches estrelladas del bajío mexicano.

De pronto y como si hubiera sido impactado por un rayo en medio de una tormenta eléctrica; mi futuro se revelaba frente a mí, ante mis ojos estaba la respuesta a la pregunta que me venía haciendo desde hacía tiempo.

Al fin algo que me permitiría volver estar en control, y al mismo tiempo disfrutar de la vida al aire libre y la libertad de viajar de un lado a otro, conocer lugares lejanos o exóticos, su gente y los majestuosos trajes típicos sin olvidar su cocina y claro también

su música y bailes folkoricos; fue así como descubrí que yo sería:
OPERADOR DE AUTOBUSES.

¡La juventud es una enfermedad que solo se cura con el tiempo!

De inmediato me levante de mi asiento y le pedí al operador:

-¿Le molesta si me pongo de pie un rato?

-Claro que no; ¡Adelante!- Una vez de pie, le hice algunas preguntas relacionadas con su trabajo las cuales no solo me contestó con gusto sino se ofreció a ayudarme.

Poco a poco se fueron llenando todos los espacios vacios en mi mente. A mi regreso a México y sin renunciar al banco, me dediqué a buscar trabajo en alguna empresa de autobuses pequeña con el fin de adquirir experiencia, ya que ese era el principal requisito para ingresar a una de las líneas de transporte de nivel nacional, tristemente para descubrir que aunque contaba con la habilidad, aptitud y disposición necesarios y tomando en cuenta que aprendí a manejar desde los once años y lo hice manejando camiones cargados de mineral en bruto, me faltaba lo principal, la experiencia.

Como la madre naturaleza no me favoreció con un cuerpo atlético y soy de estatura regular (1.78 mts.) y si a eso le agregamos que siempre representé menos edad de la que realmente tenía, el resultado siempre fue siempre el mismo:

-¡Regrese en unos 5 u 8 años! Para entonces ya veremos-

Fue hasta después de 10 años que finalmente logré mi propósito, no es que me diera por vencido sino que cansado de buscar una oportunidad sin los resultados esperados y al igual que muchos compatriotas, me fui a probar fortuna a los Estados Unidos en donde sin tantos requisitos y en tan solo cinco meses, tuve oportunidad de ingresar al transporte de carga como operador de tracto camiones; siempre con la idea de que algún día volvería a probar suerte en el transporte de pasajeros.

10 Años después

Un día durante unas vacaciones mientras visitaba a mis padres, caminaba por las calles del centro de Torreón, Coah. Cuando reconocí a un viejo amigo ex-compañero de la escuela, luego de un caluroso saludo, le invite a tomar un café para platicar, después de todo ambos estábamos muy cambiados y teníamos mucho que compartir, me contesto que no tenía tiempo ya que se tenía que ir a descansar porque esa noche saldría para la ciudad de México, entonces le pregunté:

-¿Acaso vas manejando?-

-Discúlpame, con tanto gusto me olvide decirte que soy Operador de Autobuses y me voy a México esta noche- Luego de una pequeña pausa me pregunto:

-¿Porqué no vienes conmigo? Platicamos por el camino y me espantas el sueño al mismo tiempo.

-Déjame pensarlo- Le respondí casi adivinando la reacción de Papá al saber que me iba de viaje.

-¡Creí que venías a descansar de la carretera!- exclamó Papá mostrando su desacuerdo.

-Solo es por un par de días, además desde que llegué todas las amistades con las que me encuentro no hacen otra cosa que invitarme a beber y siento que ya no me cabe una cerveza más; así es que descuida que aquí estaré de regreso el fin de semana.

A las 8:00 P. M. salimos para México en una corrida (viaje) de las consideradas de lujo (sin escalas y por vía corta), todos los asientos estaban vendidos de manera que me toco irme de pie todo el camino. Una vez en camino, nos dedicamos a poner al corriente nuestras vidas entre kilómetros de café y sorbos de carretera.

En algún momento de nuestra conversación recuerdo haberle mencionado que en un tiempo yo también quise ser operador pero que ya no era posible toda vez que me había establecido en los Estados Unidos y que me iba bien. Al término del viaje, nos dirigimos a las oficinas en donde él se fue a reportar para el siguiente viaje.

Descansaba en uno de los asientos delanteros cuando sentí la mano de "CUCO" así se llamaba mi amigo que me movía el hombro tratando de despertarme, una vez que lo consiguió me dijo:

-Van a tener examen de admisión esta mañana. ¿Te gustaría tomarlo?

-No lo sé, ¿qué tengo que hacer?- Le respondí, a la vez que bostezaba y estiraba mis brazos.

-Solo tienes que manejar un carro igual a este de 10 a 15 kilómetros como ser humano, si lo haces bien, haces de cuenta que ya estas dentro.

-Supongo que sí.- Le respondí.

-Entonces anda inscríbete que ya casi se van.

Cuando te toca; aunque te escondas

Por cierto que al inscribirme para el mencionado examen por poco y no me autorizan a tomarlo debido a que mi licencia era del estado de California y aun cuando se encontraba vigente y me permitía manejar cualquier tipo de vehículo, me informaron que no me serviría para tal propósito.

Sin darle importancia y como diciéndome:

-¡Al cabo que ni quería!- Me regrese a buscar a "CUCO" pero éste ya se había ido para el taller a preparar el carro para su siguiente viaje. Por lo tanto me informé de la hora y destino de su próxima salida y decidí pasear un poco por la ciudad antes de irme a la central de autobuses a buscarlo, después de todo había cambiado mucho desde la última vez que estuve ahí.

Antes de salir del edificio me detuvo uno de los operadores que me acababa de entrevistar para preguntarme:

-¿Disculpe joven aun quiere tomar el examen?

-Supongo que sí.- Le respondí

-En ese caso apúrese que ya nos vamos.

-¿Pero el problema de la licencia?- le contesté; entonces me explico que si bien la licencia me serviría para ser examinado, de ser aprobado tendría que tramitar mi Licencia Federal.

Una vez inscrito, abordamos la unidad designada para el examen de aspirantes a Operadores, a cargo de la misma estaba un veterano de carácter sencillo quien no perdía oportunidad de hacernos reír con sus bromas y palabras en doble sentido, me imagino que para que no nos sintiéramos nerviosos o intimidados. Con excepción de dos o tres capitalinos, la mayoría de los aspirantes veníamos del interior de la república.

Era una mañana fría, el nerviosismo era tal que casi nadie hablaba, recuerdo que para calmarme empecé a hacer ejercicios de auto sugestión y me repetía que como operador de tráiler esto sería para mí como conducir un automóvil. No andaba tan equivocado; por las dudas, me acomodé en uno de los asientos de adelante y no quitaba la vista del tacómetro (Aparato que indica las revoluciones por minuto del motor) y su relación con la palanca de velocidades.

Al salir de las oficinas, enfilamos con rumbo a la salida de Pachuca, Hgo. Una vez en la autopista, nos fueron turnando uno por uno. Nos toco un tramo más o menos igual, yo fui casi de los últimos en ser examinado. Al final de 27 aspirantes únicamente 8 aprobamos el examen, por cierto que a uno de ellos le faltaba algo de experiencia y estaba tan nervioso que se salió de la carretera dos veces, la segunda casi se va a un barranco provocando los gritos y la burla de los demás aspirantes, cuando dejó el volante para volver a su asiento traté de calmarlo:

-No te preocupes, a todos nos pasa. Esos que se burlaron, es porque a ellos ya se les olvidó como empezaron; sigue practicando y regresa cuando te sientas más seguro de ti mismo.- Cuando dije esto lo hice en voz alta lo suficiente para que todos me escucharan.

Eran casi las 4 de la tarde cuando regresamos y a los que pasamos nos citaron para el día siguiente a las 9 de la mañana, tenía muchas emociones encontradas, por una parte estaba muy contento por haber aprobado el examen pero a la vez se me hacía difícil no volver a los Estados Unidos a donde ya estaba tan acostumbrado y porque no decirlo las condiciones de vida y trabajo son mejores además de que la vida es más saludable. Busque un hotel donde descansar y prepararme para el día siguiente; por la noche le llamé por teléfono a mi mejor amigo para preguntarle qué haría en mi lugar.

-Por supuesto que me da mucho gusto que hayas aprobado el examen y te felicito hijo, pero yo no te puedo decir que hacer, siempre te di la libertad de elegir y no voy a cambiar ahora, tengo que admitir que me gustaría que te quedaras, al menos así sabría de ti más seguido, pero tiene que ser tu decisión.

Muy a su manera Papá me dijo lo que debía hacer y no necesité más, me quedaría a adquirir la experiencia que necesitaba para manejar autobuses y disfrutar de mis viejos; si después tenía que regresar a los Estados Unidos, intentaría conseguir trabajo en alguna empresa de allá.

No sé si actualmente el proceso de ingreso haya mejorado, lo cierto es que en aquellos días fue tan largo y tedioso que como a la mitad del mismo ya me había arrepentido y me quería regresar a los Estados Unidos, y si no juzgue usted:

Entrevista de pre-calificación

Examen de Manejo

Examen de Mecánica y Mantenimiento preventivo

Examen Médico

Certificado de Estudios (mínimo Secundaria)

Cartilla del Servicio Militar Nacional (liberada)

Licencia Federal (otro documento lleno de requisitos)

Tres cartas de recomendación de empresas de Autotransporte

Cartas de no antecedentes penales

Fianza de $ 400.00 pesos (año 1980)

Carta para recolectar los sellos de todas las terminales de la Ruta

Ingreso al Sindicato de Operadores $ 100.00

Dos meses y un sin fin de tramites después, fui dado de alta, muy de mañana me dirigí a los talleres en donde fui presentado con quién sería mi primer compañero; un señor de carácter jovial, y aunque mal hablado, se notaba que estaba muy por encima del operador común en cuanto a preparación, conocimientos y experiencia.

Oriundo de la ciudad de México, de 56 años y con 16 de servicio, nunca supe porque pero le apodaban "JUDAS", después de la presentación, aprovechó para mostrarme la unidad misma que era de modelo reciente y se notaba que le ponía especial cuidado sobre todo en su interior, mismo que lucía impecablemente limpio.

Una de las razones por las que me incliné a trabajar para esa empresa era su equipo tan bien cuidado y homogéneo, solo aquél operador que era mediocre no traía su carro bien arreglado. A propósito de estos compañeros eran los mismos que se pasaban todo el tiempo quejándose de sus "Patrones" (Socios /dueños de los carros a su cargo) o de la empresa, y por lo regular no duraban mucho tiempo trabajando o se la pasaban de una empresa a la otra.

A la vez que me mostraba en donde localizar el equipo de emergencia, camarote de descanso, agua y aceite, herramienta, etc., aprovechaba para decirme lo que esperaba de mi como compañero, dando origen a lo que con el tiempo bauticé con el nombre de: "**LA PROMESA DE "JUDAS"**" y se resume más o menos así:

-No importa lo que veas, oigas o lo que hagamos a bordo de este carro, no lo compartas con nadie

-En esta empresa no tenemos que correr a altas velocidades, hay miles de razones para llegar retrasados pero solo un motivo para llegar adelantado.

-Nunca manejes con sueño, en cuanto te sientas cansado háblame inmediatamente; para eso andamos los dos en este carro.

-Siempre que tengas alguna duda, pregúntame con confianza en este negocio los errores pueden salir muy caros.

-Cuida la unidad como si fuera tuya, no por quedar bien con el dueño o el administrador sino por una sola razón: No nos pagan por estar en el taller.

-En esta empresa puedes hacer mucho dinero; cuídalo porque el día que ya no puedas trabajar, ni la empresa ni el sindicato te van a mantener.

-No te dejes influenciar por los malos elementos, dedícate a trabajar y solo a eso.

-En caso de accidente huye! Siempre que hay sangre y aunque no tengas la culpa, te van a encerrar, a la empresa solo le interesa la unidad ellos nunca te van a ayudar a salir del problema.

Siempre he sido muy puntual y respetuoso del tiempo de los demás, esa noche no iba a ser la excepción y llegué a la Central del Norte dos horas antes de la salida en espera de mi primer corrida (VIAJE), Papá de oficio Sastre Cortador, se encargó de confeccionar mis uniformes.

21:00 Hrs. México–Guadalajara

Por ser el mes de Junio y el inicio de la temporada de vacaciones de verano y tomando en cuenta que la Central del Norte era en ese tiempo la de mayor tráfico a nivel nacional, salimos unos minutos tarde. A manera de evaluación y para que perdiera los nervios, mi compañero sugirió que saliera yo manejando, así es que tomé el volante y una vez que le pedí a Dios que se fuera unos 500 metros delante de mí, iniciamos el que sería oficialmente mi primer viaje.

Al fin recuperaba el control; aquella sensación que no sentía desde mis días de piloto estudiante y que aún cuando lo experimente al manejar tracto camiones, nunca se podrá comparar con los autobuses. Vidas humanas eran desde ahora mi responsabilidad y de alguna manera eso representaba una especie de ascenso en mi carrera como conductor. En silencio y a mi manera le di las gracias a Dios por ese logro en mi vida.

"JUDAS" se fue parado al lado mío para poder hablarme al oído si es que tenía que corregirme en algo o hacerme alguna recomendación, para evitar que el pasaje notara que estaban en manos de un debutante, esto puso de manifiesto su amplia e invaluable experiencia.

Una vez en la autopista, platicamos con el fin de conocernos mejor, fue así como supe que tenía toda una vida trabajando detrás del volante, Se había iniciado en el transporte urbano en la capital y que se había cambiado a esta empresa a raíz de un accidente que tuvo con lo cual aprovecho para recordarme su último consejo cuando hablamos en el carro esa mañana.

-Hablemos de ti- Me peguntó:

-¿De dónde eres?, ¿Eres casado?, ¿Tienes hijos?, ¿En donde vive tu familia?, etc.- Todavía recuerdo lo fuerte de su carcajada cuando le respondí:

- Vamos a necesitar un viaje mucho más largo y muchas más tazas de café para contarle mi vida- Después de un rato se fue a descansar.

Manejé hasta León, en donde fui relevado, yo estaba cansado, había sido un día de muchas emociones y solo estaríamos unas horas en Guadalajara de manera que me dormí muy pronto y para cuando desperté ya el pasaje se había bajado.

-¿Me llevas a mi casa?- me preguntó "JUDAS", le respondí que sí sin despertarme del todo aún.

-¡Fíjate bien!- Me dijo:

-Solo tenemos unas horas de manera que vete al taller, lavas el carro, cargas diesel, desayunas y te bañas, te vas a la Central y sacas la corrida. Yo te voy a estar esperando en la salida a Zacatecas, no olvides que vamos por vía corta. ¿Alguna pregunta?

-Supongo que no- le contesté pensando que si me perdía le preguntaría a algún pasajero o en el último de los casos pagaría un TAXI para que me sacara del apuro, al final esta sería la opción que tuve que escoger, cuando me cargaban diesel, de pronto recordé algo que me puso a pensar. ¿Porque me pidió que le llevara a su casa, cuando la noche anterior me había dicho que vivía en México? En ese momento me dije que esa era una muy buena oportunidad para poner en práctica la recomendación número uno de: **"LA PROMESA DE JUDAS"**.

Los primeros tres meses y medio, fueron para mí un periodo de constante entrenamiento, debido más que nada a que había muchas carreteras que no conocía y algunas había que trabajarlas con bastante precaución y respeto, ya que en aquellos años no se contaba con tantas autopistas como ahora, tal era el caso de la Sierra Huasteca, Plan de Barrancas, la Sierra de Chihuahua, etc. Lugares que por tantos años fueron escenario de innumerables y fatales accidentes debido en gran parte a lo mal trazados en comparación con los actuales.

Este periodo también me sirvió para conocer a algunos de mis compañeros, personal de taquilla y paquetería y por supuesto no menos importantes mis compañeros mecánicos. Al cabo de ese tiempo y gracias a los sabios consejos de "JUDAS", había desarrollado un total control de la unidad y me sentía con más seguridad tanto al tomar las curvas como al enfrenar, esto último es muy importante cuando se trata de transportar pasajeros.

Una mañana al llegar a México, había orden de no darnos turno hasta que fuéramos al taller o habláramos con nuestro administrador. Esto por lo regular sucede, cuando hay algún reporte negativo de parte de algún pasajero, o alguna reparación importante que hacerle al carro o un viaje especial. Siendo "JUDAS" el encargado del carro, le correspondió a él reportarse y lo hizo por teléfono. A su regreso me dijo:

-Dice "EL MANOTAS" (el administrador del carro) que bajes tus cosas y te reportes al taller- Y agregó:

-Mientras lo haces voy a la Jefatura a reportarme y a decirles que ya me quede solo, no se las vaya a ocurrir mandarme a Tijuana a estos méndigos. A su regreso me preguntó mi compañero mostrando su malestar:

-¿Tu pediste tu cambio?

-Estaba a punto de hacerte la misma pregunta- le respondí al tiempo que me apresuraba para bajar las pocas pertenencias que llevaba a bordo.

-Te juro que yo sé tanto como tu sobre esto.- Me respondió.

Le di las gracias a la vez que le deseaba buena suerte, le di mi mano y sonriendo me dijo:

-Cuídate muchacho y discúlpame si alguna vez te cargue la mano, espero quedemos como amigos.

-Como amigos- Le respondí.

Camino al taller, me preguntaba el porqué de mi cambio, si acaso "JUDAS" había sido honesto y no había tenido nada que ver en él, como sería mi nuevo compañero y hasta llegué a pensar que tal vez me iban a reprender. Con todas esas ideas en mi cabeza llegue al taller, estaba muy lejos de la verdad y muy cerca de averiguarla.

Operador encargado

-¡Adelante!- Me dijo el administrador al llegar a su oficina.

-Le mandé llamar porque de acuerdo con su expediente usted manejaba trailers antes de venir aquí, ¿es correcto?

-Así es Señor.- Le respondí preguntándome que tenía que ver una cosa con la otra.

-Que bueno porque tenemos algunos carros que salieron con Máquina 350 CUMMINS (MOTOR DIESEL MUY COMERCIAL EN EL TRANSPORTE DE CARGA EN AQUELLOS TIEMPOS) en forma experimental, mi problema es que la mayoría de los operadores que vienen a trabajar, vienen del servicio urbano o de plano se enseñaron moviendo los carros en los talleres y lavaderos pero carecen de los conocimientos y experiencia necesarios para operar debidamente estas máquinas. Esto ha traído como consecuencia que constantemente me los dejen tirados dondequiera y si sigo así me van a arruinar, usted y yo sabemos lo costoso que puede resultar la reparación de estos motores.

-Mi pregunta es y por favor respóndame con la verdad: ¿Cree usted que me puede ayudar con uno de estos carros?- Una expresión de gusto invadió su cara cuando le respondí que sí.

-De acuerdo- Me respondió.

- Vamos para hacerle entrega personalmente.- Mientras caminábamos hacia donde se encontraba estacionado el carro me llenaba de toda clase de recomendaciones. Después de todo el motor CUMMINS estaba considerado el mejor en el mundo en esos años, pero requiere de una técnica muy refinada para a su operación en general, se dice de los que sabemos operar ese motor, que manejamos por nota como los buenos músicos.

Arrumbado en el fondo del taller, como acumulando tiempo y polvo en el olvido, se encontraba el # 519. Por su aspecto tanto interior como exterior se notaba que había pasado por manos que lo habían descuidado mucho. Dediqué el resto del día a ponerlo en condiciones operables tanto mecánicas como estéticas y hasta habitable tomando en cuenta que ahí pasaría más tiempo que en mi propia casa. Por la noche me reporté solicitando un viaje corto y con regreso inmediato para una evaluación personal de la unidad antes de tomar uno de esos que tardaban hasta 10 días en regresar a México, la mejor manera de determinar las condiciones de una unidad es en la carretera.

Por haber pasado tanto tiempo en el taller, el carro se encontraba en números rojos así que me recomendaron que me anduviera solo por un tiempo y que no fuera a subir a nadie que a mi juicio no estuviera capacitado para operar el equipo con el mismo cuidado que yo por lo menos hasta que lo sacara de los números rojos en que se encontraba.

Fui y vine a San Luis Potosí y después de algunos ajustes menores a la dirección, suspensión y frenos nuevos, el carro estaba listo para toda la ruta.

Aproximadamente un mes después de subirme a este carro, volví a encontrarme con "CUCO", además del gusto que nos dio, le sorprendió el verme convertido en todo un operador encargado, según él, había operadores que tenían años en la empresa y aún andaban de segundos. Yo me inclino a pensar que no era una cuestión de mérito sino más bien de responsabilidad. Además como segundo te podías bajar a descansar en cualquier momento y no había problema, como encargado hasta para eso se requería permiso del administrador.

Según el sapo era la pedrada!

He tenido mucho cuidado de no darle a mi libro matices políticos ni de hablar mal de mi ya de por si sufrida raza de bronce, sin embargo y en un país donde la corrupción es vista más bien como una forma de vida o como una enfermedad incurable, el auto transporte foráneo de pasajeros no iba a ser la excepción. Una vez aclarada mi postura, esto es lo que sucedía en aquellos años.

Note desde un principio que algunos carros solo iban directos o iban y venían a la frontera, como nos pagaban por kilometro recorrido más un porcentaje sobre el total de boletos vendidos, eso las convertía en las mejores corridas, incluso algunos de estos operadores se sentían algo especial como por encima del resto de nosotros. Hasta que un día se lo comenté a un compañero y este me abrió los ojos:

-Como es que siempre que me encuentro con ciertos carros, o van o vienen de la frontera o traen corrida de lujo, en cambio yo, si voy a Juárez o Matamoros o cualquier frontera es por etapas o porque alguno de estos carros falla a la hora de salida cuando estoy de guardia.

-¿De verdad no sabes o te haces?- Me contestó:

-Si de verdad quieres corridas de lujo, tienes que untarle la mano al jefe de servicio con un billete.

-¿Y cómo de cuánto? Le pregunte.

-Pues todo depende de a donde quieres ir y que tan pronto quieres llegar a allá.- Y se alejó como dudando de mi ingenuidad.

Habiendo vivido recientemente en los Estados Unidos, casi se me había olvidado tan vieja práctica, misma que se extendía casi a toda la operación de la empresa, en el taller era lo mismo. Si no quería el turno que me habían asignado, tenía que sobornar al mecánico para que el carro no estuviera listo a tiempo, de igual manera, si no quería perder mi turno, también le tenía que dar dinero para que lo terminaran a tiempo, igual con los lavadores, paquetería, etc. Total teníamos que repartir dinero por todos lados y a lo largo y ancho de toda la ruta si es queríamos sobrevivir.

Casi de inmediato me di cuenta de que la gran mayoría de los compañeros se quejaban de lo mal pagado que estábamos en ese tiempo; con un sueldo tan bajo, la única alternativa para poder emparejarnos era no dar boleto a los pasajeros que levantábamos por el camino para lo cual también repartíamos dinero entre algunos inspectores y elementos del personal de taquilla para podernos mantener en la jugada. Todo esto apestaba desde cualquier ángulo que se viera, sin embargo a nadie parecía importarle y debo admitir que a este servidor le costó trabajo acostumbrarse a tan vergonzoso juego.

Contábamos también con un sencillo sistema de señales para evitar ser sorprendidos por los inspectores cuando estos aun no entraban al juego de tal manera que la mayoría de las veces cuando llegábamos a donde estos se encontraban, nosotros ya lo sabíamos aun por la noche. Esto era lucrativo de lo contrario no lo hubiera jugado durante tantos años; era más bien un secreto a voces.

El único problema consistía en que una vez que un operador era sorprendido con pasajeros sin boleto, le era muy difícil poder arreglar su situación y en ocasiones tardaban tanto que mejor se aburrían y se iban a otra empresa, después de todo en México era lo que sobraba, si te despedían de una empresa te podías ir a otra, lo único que cambiaba eran el uniforme, la ruta o el equipo pero en general todas eran iguales.

En mi opinión, nada de esto sucedería si se profesionalizara a la fuerza laboral, sin embargo y en una economía en la que los salarios son más bien un insulto al trabajador y en donde es más fácil sobornar a los líderes sindicales, que estructurar una tabulación digna que garantice una vida limpia y sana complementada con una buena educación, es normal que se den este tipo de males sin que a nadie parezca importarle.

El origen del "NENE"

No se pueden pasar 15 años en este oficio sin adquirir un sobrenombre, tarde o temprano alguien nos encuentra parecido con algún personaje popular o recurre a nuestro aspecto para realzar algún defecto físico y de esa forma marcar el resto de nuestras vidas con un apodo, lo cierto es que en esta empresa muy pocos escapaban de tal distinción.

21:45 Hrs. México – Matamoros.

Un viernes por la noche la Central de Autobuses parecía el Estadio Azteca antes de un Clásico América-Guadalajara, no cabía una sola alma y en medio de toda esa gente trataba afanosamente de sacar mi corrida a tiempo abordando el pasaje, mientras tanto mi compañero se encargaba de la documentación y el certificado médico.

Una vez abordados, tome el volante y procedimos a iniciar las maniobras de salida. De pronto se dejo escuchar una voz femenina procedente de uno de los asientos de atrás:

-Un momento ¡Espere por favor! Frene.-Sebastián como yo nos miramos entre sí:

-Creí que estábamos completos.- Me dijo el "Maistro" pensando que tal vez nos faltaba algún pasajero.

-Yo también, anda a ver cuál es el problema y apúrate que ya llevamos 15 abajo (15 minutos de retraso).

Mientras tanto yo continuaba mis maniobras ya que por el retraso de las salidas, todo el patio se encontraba congestionado de manera que entre más pronto saliéramos de ahí mejor. Tan enfocado estaba en salir de la Central, que no ponía atención a lo que sucedía en la parte de atrás entre mi compañero y la Dama en cuestión solo de vez en cuando se alcanzaba a percibir que la señora gradualmente fue subiendo el tono de su voz hasta llegar a ser la única que se escuchaba pero en forma desesperada. Una vez fuera de la Central, busque un lugar en donde estacionarme y hecho esto me dispuse a resolver la situación.

-A sus órdenes Señoras: ¿Tal vez yo les pueda ayudar?- Les dije a la vez que con la mirada señalaba a mi compañero que tomara el volante.

-A ver dígame ¿Cuál es su problema?

-El problema aquí es usted, que debería ir a terminar la primaria antes de pretender manejar un "Camionsote" de este tamaño.

-Les aseguro que estoy tan capacitado como mi compañero para conducir esta o cualquier unidad, tengo 12 años de experiencia.

-Pues a los cuantos años empezó a manejar: ¿a los tres?- Y siguió dándome un sinfín de motivos por los cuales yo no debía manejar, era evidente que nada de lo que yo le dijera le haría entrar en razón, aunque a juzgar por su aspecto, tenía más probabilidades de morir víctima de un infarto debido a su extrema obesidad que en un accidente carretero, de manera que le respondí:

-Sus comentarios lejos de molestarme me halagan Señora; aquí donde me ve, acabo de cumplir 30 años, sin embargo le diré que haremos: Como aquí nos esmeramos en complacer a nuestro pasaje y tomando en cuenta que ustedes solo van a Tampico, vamos a dejar que mi compañero trabaje de aquí a su destino y yo lo hare el resto del viaje. ¿Les parece bien?-

-Ummmmmmm Está bien pero ni crea que me voy a dormir, voy a estar muy pendiente de que no haya cambios en el camino.

Manifestando su inconformidad por la forma en que resolví el incidente pero contento de que terminara Sebastian tomo el volante, solo me restó darle las buenas noches, no sin antes decirle que hiciera uso de toda su habilidad y técnica para que todo saliera bien. A todo esto me respondió.

-Buenas noches "NENE"- Y a partir de ese momento, me convertí en: "EL NENE". Sin querer, me acababa de bautizar y antes de un mes ya era conocido por ese apodo en toda la ruta, en mi interior me dije: Al menos no esta tan mal como el de otros de mis colegas.

Las fiestas decembrinas

Llegó el mes de Diciembre y con él la nostalgia de mi primera navidad sin mis hijos; he querido abstenerme de mencionar a mi familia ya que mi libro no es acerca de ellos y aún cuando siempre han sido la parte más hermosa e importante de mi vida, el caso es que cuando al principio de este libro mencioné que me hacía falta un cambio, dicho cambio tenía que ver con la Madre de mis hijos y nuestra falta de madurez para resolver nuestras diferencias, trayendo como consecuencia nuestra irreconciliable separación.

Quisiera sin embargo aprovechar para mandar un mensaje a todas aquellas mujeres que al separarse de su cónyuge pretenden castigarlos o vengarse de cualquiera que sea la razón de su separación al negarles el sagrado derecho de cultivar una relación con sus hijos. Al hacerlo; no están castigando a su pareja o ex-pareja o como le quieran llamar; están castigando directamente a sus hijos y mutilando una relación muy sagrada en la que nada ni nadie tiene derecho a intervenir.

Las dos últimas semanas del año y las primeras dos del nuevo, se convierten en un verdadero caos para la industria del auto transporte de pasajeros. La sobre demanda de boletos genera muchas corridas extras y escases de equipo consecuentemente al terminar un viaje, casi siempre se nos pedía salir de inmediato; a veces sin siquiera cambiar el agua del sanitario, mucho menos lavar la unidad.

Era sin embargo la época que más dinero ganábamos ya que no solo hacíamos más viajes sino que todos eran completos y en ocasiones hasta con pasajeros de pie en los pasillos. El precio en cambio era muy alto y lo sigue siendo tomando en cuenta que esos días tan importantes y de acercamiento familiar los pasábamos por lo general en carretera y no en casa como cualquier empleado normal.

Como para todo hay maña, recurríamos a la siguiente estrategia: Uno de nosotros pasaba la Navidad en casa mientras que el otro se quedaba cubriendo el trabajo por los dos. Al día siguiente o dos o tres días después dependiendo de cómo estuviera el trabajo, se subía el operador descansado y se bajaba el otro a recibir el año nuevo en casa. Esto solo funcionaba cuando ambos operadores estuvieran de común acuerdo y bajo un estricto código de lealtad y discreción a toda prueba.

¡Malo por conocido!

Un buen día, llegué a Guadalajara de paso con destino a Tepic, al descender de la unidad se me acerco un compañero delgado y con algunos años menos que yo y me dijo:

-Vengo de la Jefatura de Servicio y desde hoy seremos compañeros- Le di la bienvenida, y le pedí que dejara sus cosas en el asiento de adelante para ir a cenar.

Al regresar y una vez que le anotaron en la bitácora de viaje, continué hacia mi destino pero le pase el volante a él, para evaluarle a la vez que le daba mi versión de lo que alguna vez fue: "*La promesa de Judas*", en su edición corregida y aumentada.

Es tan importante tener cuidado al tomar una decisión de esta naturaleza, que las empresas deberían de estructurar algún procedimiento de carácter psicológico antes de seleccionar a alguien para trabajar mano a mano en una unidad. Aparte de compartir el trabajo, una pareja de operadores deberán de hacer juntos más actividades que con su propio cónyuge, tanto entre corridas como durante el viaje tales como: Dormir, comer, hacer ejercicio, bañarse, divertirse, ir de compras, cortarse el pelo y sobre todo mucho, mucho tiempo para platicar y compartir aspectos importantes y hasta íntimos de sus vidas.

No sé si exista actualmente algo parecido pero en aquel entonces este proceso era más bien el resultado de una necesidad que de una selección. Yo en lo personal, tuve un total de 11 compañeros a mi paso por este oficio y de todos únicamente 3 califican como idóneos para aparecer en mi libro por haber sido siempre parejos, leales, confiables, discretos y verdaderos amigos.

Para usted Compadre Omar, a ti Sebastián y a ti Filiberto mi eterno agradecimiento y pueden estar seguros de que fue un verdadero honor compartir el volante y demás aventuras con ustedes, espero sinceramente haberles correspondido.

También los hubo que de plano fueron la verdadera anti tesis de lo que debe de ser un operador de autobuses e incluso a dos les tuve que mandar de regreso al departamento de personal mientras estábamos en tránsito (durante un viaje) ya que su comportamiento tan falto de ética profesional me obligó a hacerlo.

Si usted ha tenido la mala fortuna de viajar con alguno de estos pseudo operadores arrogantes, mal hablados, mal educados, des aseados, incultos, groseros e irrespetuosos, créame que lo lamento y espero que comprenda que no todos somos así.

Esos personajes andan en esto porque no saben hacer otra cosa, porque tienen mucha necesidad o porque no fueron a la escuela, pero no porque les guste lo que hacen y cuando hacemos algo en contra de nuestra voluntad, no solo no somos felices sino que nos reusamos a aceptar que nuestro entorno lo sea.

En el triste caso de que le vuelva a tocar algún conductor como los antes descritos, quéjese de inmediato al llegar a su destino, son esa clase de operadores los que le dan tan mala fama a este noble oficio. Creo que ya desperdicié demasiado papel, tinta y tiempo en ellos.

Anatomía de un accidente

A lo largo de mi carrera fui testigo de muchos accidentes y gracias a un curso de primeros auxilios que tomé en mis años de operador de tracto camiones, siempre que pude asistí a aquellos que lo requerían logrando con eso salvar algunas vidas, y aunque admito que algunos accidentes me impresionaron bastante nunca me puse nervioso o me congelo el miedo hasta después de que todo había pasado y nuestro viaje se había reanudado, era entonces que las rodillas me temblaban y en algunas veces las lagrimas se me salían al recordar los cuerpos sin vida de aquellos a quienes trate inútilmente de rescatar.

Apenas obscurecía, en el tramo de Chihuahua a Cd. Juárez, yo descansaba en el camarote. Papá sentado en el banquito de las visitas el cual no era otra cosa que una cubeta de aceite vacía de las de 20 litros de plástico, forrada de vinyl con el que tapizaban los autobuses, con un cojín en la parte superior, muy creativos a la vez que útiles; platicaba muy amenamente con "JUDAS", habían cultivado una gran amistad desde que se conocieran apenas un par de meses atrás. Papá aprovechaba mi trabajo para ir de vez en cuando a El Paso, Tx. o a la ciudad de México a comprar materiales para su sastrería, aún cuando leía entretenido un libro decidí levantarme ya que pronto pararíamos para dar tiempo de cenar.

Parado en el estribo alcance a distinguir lo que parecía un gran incendio poco más adelante.

-Ya se fijaron "Muchachos" parece un accidente- Todos guardamos silencio, al llegar a un crucero de ferrocarril, se encontraban tres Auto tanques parados sobre la carretera cargados de gasolina en la misma dirección que nosotros, los cuales no se acercaban al lugar del percance por temor a una mayor tragedia.

Kilómetros adelante llegamos a lugar del siniestro, los protagonistas eran un camión de los llamados de volteo con uno de tres toneladas que al impactarse de frente habían explotado, dentro del camión chico aún en llamas, se encontraban los cuerpos de tres personas cuyo sexo era para entonces imposible de determinar, el olor de la grasa humana al quemarse junto con el aceite del motor y la gasolina era intenso. El conductor del camión de volteo, se encontraba recostado sobre el asfalto con ambas piernas fracturadas siendo atendido por algunos samaritanos que ya le prestaban los primeros auxilios.

Como la carpeta asfáltica carecía de terraplén (Espacio adicional a los lados) para poder pasar, tuvimos que esperar hasta que fue contenido el incendio y entre todos hacer el camión a un lado para poder pasar y reanudar nuestro camino, el oficial de la Policía Federal de Caminos nunca llego al lugar del accidente.

Ninguno de nosotros mencionó la cena, cuando llegamos a Juárez. Nos dimos un baño para quitarnos el fuerte olor a gasolina quemada y nos fuimos derecho a la cama, acompañar a Papá en sus compras nos llevaría toda la mañana pero como siempre disfruté de su compañía, lo hacía con gusto.

El alcohol fue el principal responsable por ese accidente y la inútil pérdida de vidas.

Las playas de Colima

20:30 Torreón-Colima

Fue uno de esos viajes que a mi tanto me gustaba trabajar debido a la tranquilidad de la noche, yo había manejado desde Torreón hasta Guadalajara a donde llegamos poco antes del amanecer. Aún cuando es la segunda ciudad más grande de México, todavía conserva una de las tradiciones más antiguas de los pueblos chicos;

casi en cualquier esquina se venden antojitos desde Menudo, barbacoa, tacos, tortas, etc.

Una hora y un plato de menudo después, me fui a dormir. Cuando desperté ya estábamos en Coyutlán, playa muy famosa del estado de Colima a donde mi compadre "Cornelio" (así le decíamos por su asombroso parecido con el famoso cantante y compositor) se dirigió después de terminado nuestro viaje, era un lugar muy tranquilo sin mucha actividad turística y consecuentemente los precios de los servicios y sobre todo la comida eran más baratos.

De inmediato salté de la cama y me puse mi traje de baño, tome una toalla y una vez en sandalias, me dispuse a darme un chapuzón, no sin antes localizar a mi compadre para hacerle saber que me había levantado.

El agua estaba fresca, dedique unos minutos a admirar aquél rincón de la naturaleza y en silencio absorber toda esa belleza por todos mis sentidos para luego comenzar a nadar, con calma al principio para ir calentando el cuerpo. De pronto me dio un calambre en la pierna izquierda, era tan fuerte que me hizo gritar del dolor, la otra pierna le siguió casi al instante, traté de no perder la calma y me asegure de mantener mis pulmones llenos de aire, el dolor no cedía, al voltear hacia la playa, me di cuenta de la corriente me alejaba mas y mas, en cuanto pude le grite a mi compadre pero no me escucho, la música era muy fuerte donde él estaba, en un segundo intento le silbé en lugar de gritar de ese modo logré atraer la atención de un muchacho de aproximadamente 14 o 15 años el cual de inmediato se dio a la tarea de rescatarme. Al llegar donde me encontraba solo me dijo:

-No se mueva "joven" déjeme a mí por favor- Y dicho esto, antes de que me diera cuenta ya estaba en la playa.

-Pues que le paso "Compadre"- Pregunto Cornelio.

-Véame los pies "Compadre" aun tengo el calambre en las dos piernas-

Para entonces ya se había juntado una multitud que ansiosa por saciar su curiosidad se asomaba hasta por encima de los demás.

-Será mejor que trate de caminar, ayúdeme por favor- Y diciendo y haciendo, me levante al tiempo que mi compadre en el tono sarcástico que lo caracterizaba, se dirigía a los curiosos:

-Ahorita regreso voy a traerles unos conitos para la baba "Cabrones"-

Le di las gracias al joven que me rescató a la vez que le pedí de favor que volviera cuando me sintiera mejor, me sentí en deuda con él y quería recompensarle. Poco a poco fui recuperando movilidad en ambas piernas al grado de que ya no necesité apoyo, así es que le pedí a mi compadre que nos sentáramos a comer algo.

Luego de ordenar unas "Campechanas" (coctel de ostiones, camarones y pulpo) y un par de pescados a las brasas (platillo que para mi gusto está entre los mejores del mundo), empecé a reflexionar sobre lo que recién había experimentado. La imagen de mis hijos se me reveló de pronto al darme cuenta de lo cerca que estuve de morir ahogado; en ese momento le di Gracias a Dios por no llevarme todavía a manejar a la Autopista Celestial y permitirme seguir entre los vivos.

-Caray "Compadrito" que susto me dio, pos' si usted sabe nadar muy bien ¿qué fue lo que le pasó?-

En verdad se veía muy asustado, yo guardé silencio un rato como tratando de encontrar la respuesta correcta.

-Mire "Compadre" creo que estuvo así:

-Me fui a dormir con el estómago lleno, apenas desperté y me metí al agua con el cuerpo caliente; creo que me quiso dar una congestión cuando me esforzaba por mantenerme a flote. ¿No cree?

-Ni modo "Compadrito" ni la muerte nos quiere-

Exclamó mi "Compadre" al tiempo que ambos soltábamos fuerte carcajada. A punto de servirnos el platillo antes mencionado, me pregunto la dueña de la fonda:

-Disculpe; ¿es usted el señor que se andaba ahogando hace un rato?

-Si no nos va a cobrar; ese soy yo

-Por mi se lo regalo, lo que pasa es que no puede usted comer y menos mariscos después del tremendo susto que pasó,

-Pero porque?- Le pregunté

-Porque entonces si se nos muere joven. Nos levantamos con la idea de seguir caminando cuando nos dijo:

-Mejor espérese un rato, y vayan onde la "Joaquína" para que le dé una buena sobada y le cure el susto; y a'luego se sientan a comer todo lo que quieran- Después de mirarnos mutuamente, la miramos a ella y casi al unísono preguntamos:

-¿Es en serio?

-¿Acaso ven que me estoy riendo?

Y nos fuimos a buscar a la mentada "Joaquína" a quién encontramos en una de las palapas de la orilla, antes de preguntar, una voz del interior nos dijo:

-Pasen por favor- Después del saludo y antes de decirle a que íbamos fue ella la que nos dijo:

-Se a lo que vienen güerito- Me pidió que me recostara sobre el catre de tijera boca abajo, mientras que a mi "compadre" le pedía que se fuera a meter al mar un rato mientras me curaba a mí. El accedió más bien a fuerza que de ganas.

-Estaré afuera por si me necesita- dijo mientras hacía a un lado la vieja cortina que también hacía las veces de puerta.

Como buena costeña, era de tez morena, ojos grandes y negros y con una cabellera rizada y oxidada por el agua del mar que le llegaba a los hombros, no pasaba de los cuarenta años.

-Te llevaste buen susto "güerito"

-Supongo que así fue- le respondí un poco asombrado de su pregunta.

-No te asustes, tú tienes una vida muy larga y llena de cosas muy interesantes porque estas lleno de talento e ingenio. Eres uno de esos individuos que no llegan a este mundo todos los días y tampoco se van sin dejar huella de que estuvieron entre nosotros.

Al decir esto comenzó a recorrer mi espalda con sus manos y codos luego siguió con el cuello, cráneo, brazos y piernas. Sorprendido le pregunte:

-¡Ah caray! ¿Y usted como sabe?

-De la misma manera que se que no perteneces a esta frecuencia. Vives unos pasos más adelante que cualquier hombre común y si no me lo crees escucha: Tú vienes de muy lejos, te viste obligado a dejar atrás a tus hijos por sacudirte de esa mala influencia que representaba para ti la Madre de ellos

Todo esto lo decía sin dejar de recorrer mi cuerpo y entre mas hablaba más me dejaba con la boca abierta pues me estaba hablando de cosas que ni mi Madre sabía de mí.

-Por tus hijos perdiste la paz y tu armonía interior y te condenaste a vivir así el resto de tu existencia- Un movimiento repentino hacia un lado de la el cuello y me lo trono.

-Pero no te preocupes que Dios es muy grande y te va a compensar todo eso con logros muy buenos y sobre todo en este trabajo; te esperan muchas satisfacciones-

Con los dedos me fue recorriendo las vertebras y antes de llegar al coxis de nuevo me trono pero esta vez toda la espalda, y siguió por los brazos y piernas sobre todo el área donde me habían dado los calambres más bien con un roce delicado que por momentos se tornaba erótico.

-Boca arriba por favor- Me dijo mientras seguía hablando sin dejar de mover sus manos:

-Las hembras han sido tu debilidad, cada vez que te enamoras, te entregas por completo, desgraciadamente las que hasta ahora han recibido esa entrega, han acabado por lastimarte ya sea por malas influencias o porque han sido muy posesivas y celosas, la limpieza de tu corazón nunca te permitió notarlo. Desde hoy tienes que proponerte guardar tu distancia y dejar de ser tan "facilito"- Me dijo al tiempo que me apretaba ligeramente el pene un par de veces que para entonces y debido al frote de sus manos sobre mi cuerpo mostraba una gran erección.

-Un consejo te voy a dar para terminar: "No importa cuánto te busque y te ruegue, nunca vuelvas con esa mujer", ella está determinada a hacerte mucho daño y no descansará hasta conseguirlo- Y agrego:

-¡No todas las mujeres somos iguales! Pronto llegara a tu vida aquella que te llenará de felicidad aunque solo será por corto tiempo. Conforme pasen los años sabrás a que me refiero. Ahora vete que me tengo que sacudir toda esta angustia que traías contigo y me la has dejado a mí.

-Yo no cobro-, me respondió al preguntarle cuanto le debía.

-lo que me quieras dejar ponlo sobre la mesita que tampoco toco el dinero- Antes de despedirse, me dijo:

-Cuantas veces te sientas sobrecargado de mala vibra, no te olvides de la "Joaquína", a mí me vienen a ver desde artistas hasta políticos. Antes de regresar para Colima, nos dijo la señora de la fonda algo de lo que ni mi compadre ni yo nos percatamos y que a ambos nos dejo profundamente sorprendidos: La "Joaquína" era invidente.

Esa noche camino a la ciudad de México, no dejé de pensar en todo lo que me había dicho esa mujer, nunca en mi vida nos habíamos visto y sabía aspectos de mi vida muy personales. ¿Será cierto que existen individuos capaces de penetrar en las profundidades de nuestro sub consiente?

Las mujeres son como los autobuses.

No sé si era el uniforme o la relación entre un operador y su autobús, después de todo tenemos el control de un vehículo enorme de acuerdo con el pasaje y eso nos hacía por momentos el centro de atracción de algunas damas, el estar sentado detrás del volante de una unidad de ese tamaño nos hacia interesantes y a algunos de nosotros hasta lo feo se nos quitaba.

Tengo que admitir que "Afrodita" fue más que generosa conmigo durante mis años de operador y lo mismo pasó con muchos compañeros, algunos de ellos llegaron al extremo de abandonar a sus familias por alguna dama que conocieran durante un viaje.

Es cierto que los operadores somos afortunados para eso de las féminas, mas obedeciendo a la buena costumbre de que los caballeros tenemos muy mala memoria, me concretare a decir que:

Nunca engañé a nadie, siempre estuvieron consientes de mi estado civil.

Nunca me comprometí a nada que no estuviera dispuesto a cumplir, cuando tienes dos casas, tarde o temprano las dos casas acaban por tenerte a ti.

Siempre usé protección, quise estar seguro de cuántos hijos tenía y en donde.

Una cosa si puedo asegurar; el sexo a bordo de un autobús a 95 km/h, con tan solo una cortina de terciopelo entre el pasaje y los participes, ya sea de día o de noche, es una de la experiencias más excitantes y eróticas que puede experimentar ser humano alguno, a la vez que altamente reconfortante, estoy seguro de que mis compañeros operadores podrán avalar lo que acabo de afirmar, sin embargo hay que tener mucho cuidado con:

20:00 Torreón – México

La nueva conquista de "JUDAS" le había ido a despedir a la terminal aquella noche, apenas le había conocido un par de semanas antes en una corrida de Juárez a México y ya me platicaba de los grandes planes que tenían, daba la impresión de que hablaba muy en serio, y aunque por momentos estuve tentado, no quise recordarle el hecho de que ya tenía dos relaciones, muy de tiempo atrás y ambas con hijos de por medio por temor a quitarle el sueño. Ya habría tiempo de recordárselo por la mañana.

Al llegar a Raymundo, Dgo. y hacer alto en los topes, escuchamos el tronar inconfundible de una barra de torsión de la suspensión delantera, solo nos quedaba, mandar pedir la guardia a Torreón y pedirle al pasaje que tuviera paciencia. Una vez fuera de la carretera procedimos a instalar el señalamiento de seguridad. En eso estábamos cuando pasó el "LA PANTERA" (Le decíamos así por su modo de caminar muy semejante al de la pantera rosa) un operador de la misma empresa procedente de Durango y con destino a Torreón con tan solo 3 pasajeros. Por lo tanto y una vez de acuerdo todos, optamos por pasarle el pasaje de nosotros para que se fuera a México y nosotros nos llevamos los tres de él para regresarnos a Torreón y hacer las reparaciones necesarias, cosa que le dio un gran gusto a "JUDAS" ya que eso representaba todo un fin de semana con su dama en turno.

Nos tomo casi dos horas para regresar a Torreón ya que debido a la suspensión quebrada no podíamos avanzar a la velocidad normal, además daba la impresión de que el estado de Durango contaba con mas topes (bordos sobre el pavimento que obligan a reducir la velocidad y en algunos casos hacer alto total, muy comunes en los países tercermundistas) que ningún otro en el país, las ansias por llegar eran muy notorias en la cara de "JUDAS".

Tan pronto como llegamos y casi sin despedirse, "JUDAS" abordo un taxi y solo me dijo te llamo por la mañana y se marcho, yo me reporte a la jefatura de servicio y me fui para el taller para que quitaran la barra a primera hora ya que se trataba de una reparación que lo más seguro tardaría todo el día como eran casi las dos de la mañana, no quise ir a la casa para no despertar a Papá, de manera que me prepare para dormir en el camarote del carro además afuera del taller se ponía todas las mañanas una señora a vender un menudo que la había hecho muy famosa en toda la empresa, esa señora era casualmente la Madre de mi amigo "CUCO" a quien prácticamente le debía el haberme convertido en operador.

No tenía mucho dormido, cuando me despertaron unos golpes en la ventanilla del camarote, asustado y medio dormido, me asome sin encender la luz ni abrir la mentada ventanilla. Era "JUDAS" que me pedía le abriera, al hacerlo note un rastro de tristeza y desilusión en su cara. Antes de que preguntara me dijo con dificultad en sus palabras:

-"POR EL MOMENTO NO QUIERO HABLAR".

-De acuerdo; pero si te vas a quedar aquí, me iré a casa para poder dormir los dos. Tomé un taxi y me fui a despertar a Mamá. Al llegar solo le mencioné el incidente del carro para no desvelarla y me fui a dormir.

Por la mañana me despertó Mamá y como era Domingo, después de tomar café y pan tostado, nos fuimos a Misa, a la salida le conté a Mamá lo que había pasado con "JUDAS" la noche anterior y me propuso que fuéramos a levantarlo para invitarle a almorzar, de regreso llegaríamos al taller para ver el progreso de la reparación.

Me alegró ver que ya desarmaban la rueda para remover la pieza quebrada y soldarla. Sin mencionarle una palabra de su actitud la noche anterior, comimos juntos y camino a casa llegamos a preguntarle al mecánico por el carro y se nos informó que estaríamos listos para salir esa misma noche, de igual forma nos reportamos con el jefe de servicio y se nos turnó para Guanajuato a la media noche.

Esa noche y una vez en camino me contó cómo había llegado la noche anterior a casa de la chica en cuestión y al abrir la puerta la encontró muy bien acompañada en brazos de un individuo mucho menor que ella. Una vez que se desahogo guardo silencio y fue entonces que aproveche para decirle:

-No te preocupes "pareja" ya tienes suficiente con dos familias en tu vida como para acabarte de complicar la existencia con una más y por favor grábate esto: ¡Las mujeres son como los autobuses; si se te pasa una, no te aflijas que atrás viene la otra!- Y lo mandé a dormir ya que por llevar a Mamá al cine esa tarde no había dormido nada.

21.00 Monterrey – Durango

La central de autobuses de Monterrey era una de las más inseguras del país, sobre todo por la noche teníamos que extremar precauciones debido a los carteristas y demás amantes de lo ajeno de manera que sin excepción, cada vez que pasábamos por ahí o salíamos de locales nunca dejábamos la unidad desprotegida

Esa noche íbamos de paso procedentes de Matamoros y no iba a ser la excepción de manera que "el maistro" se encargo de ir a la taquilla y yo me quede en la puerta recibiendo al pasaje, una vez a bordo los únicos lugares disponibles, procedí a cerrar la puerta mientras esperaba el regreso del "maistro", de pronto toco la puerta una de la mujeres más hermosas que mis ojos habían visto jamás, lo primero que siempre me ha atraído de una mujer han sido sus ojos y los de ella eran perfectos, su cabello ligeramente debajo de sus hombros, unos labios que invitaban a besarlos y su cuerpo igual de perfecto como todo lo demás.

-Disculpe; ¿Tiene lugares para Durango?

-Me temo que ya no.- Luego de unos segundos insistió:

-¿Me puede llevar parada?

-Son aproximadamente 10 horas hasta Durango; ¿Está segura de que se quiere ir de pie?

-No me queda otra alternativa tengo que estar allá mañana.- Me contesto suplicante; decidí bajarme para escucharle mejor. No podía tener más de 20 años y era ligeramente más alta que yo.

Platicábamos cuando regresó Sebastián, le pregunté de nuevo delante del "Maistro" y la respuesta fue igual de manera que le permití abordar a la vez que le preguntaba por su equipaje, entonces me señalo hacia uno de los pilares en donde yacía una maleta del tamaño de un baúl por demás pesado, entre el "Maistro" y yo la subimos a una de las cajuelas, bromeando le pregunté:

-¿Y la jaula del perico donde esta?- Y nos dispusimos a reanudar nuestro viaje.

Una vez fuera de Monterrey el "Maistro" se fue a dormir y le ofrecí el banco de la visitas a esa mujer que además de bella me parecía enigmática. Al comenzar a subir la "Cuesta de Carbajal" ya casi para perder la señal de la radio debido a las montañas de la majestuosa Sierra Madre, le ofrecí que escogiera un casete de los que traíamos a bordo para arrullar al pasaje.

Nunca antes me había sucedido lo que experimentaba en esos momentos, era tal mi atracción hacia ella que me costaba trabajo concentrarme y encontrar palabras para entablar una conversación, finalmente fue ella quien tomo la iniciativa.

-De pronto se ha quitado el calor?- Me preguntó.

—Ha de ser por la altura, desde que salimos hemos estado subiendo gradualmente?

– ¿Sería bueno apagar el aire acondicionado?-

-Claro que si- Y lo apagué de inmediato.

Fue así que iniciamos una conversación, dijo llamarse Silvia, me elogió mi colección de música y poco a poco fuimos descubriendo afinidad en muchos aspectos. Le comenté que eran tantas las cosas en las que coincidíamos que me comenzaba a dar miedo; ella respondió con una frase que me dejo perplejo:

-¿Sabes una cosa? Antes de que tu llegaras, ya le había preguntado a un chofer de otra línea y aun cuando traía lugares no me quise subir a ese autobús, no sé que sentí por dentro que me dio mala espina Siguió diciendo:

-Luego me iba a ir a cenar y desistí porque no quería ir cargando la maleta de nuevo para la sala de espera y de regreso, de manera que ya nos tocaba- y al decir esto me dio un par de palmadas en la mano la cual sostenía sobre la palanca de velocidades ya que aun no terminábamos nuestro ascenso al hacer esto sentí como si una corriente eléctrica recorriera todo mi cuerpo pero no tuve el valor de decírselo sin embargo admito que fue agradable.

Al llegar a Saltillo le pregunte:

-Vamos a estar 5 minutos; ¿Gustas algo de cenar?- Tomando en cuenta que no había cenado y me dijo:

-Lo que quieras.

-Mejor acompáñame para que escojas. - Y nos tomamos de la mano como si nos conociéramos de mucho tiempo. Ambos visitamos el sanitario antes de continuar el viaje.

Poco después de reanudar el viaje, nuestra conversación se torno más personal, casi todo el pasaje dormía así que desconecté las bocinas principales y solo deje las del operador.

-¿Llevas mucho tiempo de Chofer?

-Casi toda mi vida- Le respondí.

-Se nota que lo haces con gusto.

-Y tu; ¿A qué te dedicas?

-Acabo de estar un tiempo en Estados Unidos.

-¿En qué parte?

-En Tulsa, Oklahoma; ¿Conoces?

-Solo de paso, antes de esto fui operador de trailers en los Estados Unidos pero vivía en California.

-¡Orale! Si que estás lleno de sorpresas.- Volvió a posar su mano sobre la mía.

-¿Y porque te regresaste?- Le pregunté con curiosidad.

-La verdad es que no me gusto; allá se vive más de prisa.

-En eso tienes razón.

-¿Y tu porque no estás allá.

-Es una historia larga y solo vamos a Durango-

-Pues yo solo estuve en tiempo suficiente para juntar dinero y abrir una tienda de ropa.

-¿En dónde?

-En mi pueblo.

-¿Y cómo se llama?

-¡Ya te lo dije; Silvia!

-Me refiero a que: ¿De dónde eres?

-Ummmmmmmmm, de la sierra.

-Si no me piensas decir, dímelo y no te preguntare más.- Los dos guardamos silencio y luego de una pausa que aproveche para cambiar de casete me solté riendo.

-Se puede saber: ¿De qué te ríes?

-Se ha de llamar muy feo.- Le conteste.

-¿Quién?

-Tu pueblo, por eso no me quieres decir de dónde eres.

-Brujo; como adivinaste.- En ese momento paré de insistir.

Cuando se tiene alguien con quien platicar durante el camino, se pasan las horas sin sentir sobre todo con tan amable compañía, sin darnos cuenta estábamos entrando a Torreón.

Como "El maistro" no se levantara se me ocurrió mandarle un recado con Silvia:

-¿Me puedes hacer un favor?

-Dime.

-¿Ves esas cortinas junto al sanitario?

- ¡Sí!

-Detrás de esas cortinas esta el camarote; ve y pregúntale a mi compañero que si viene a dormir o viene a trabajar.- Dicho mensaje en realidad quería decir: "Arregla muy bien la cama porque quizás tenga visita."

-No puedo hacer eso.- Me contesto.

- ¿Porqué?

-Que tal que se enoja.

-No te preocupes; así lo despierto siempre.- Le respondí y le encendí las luces del pasillo para que no se fuera a caer. Poco antes de entrar a la terminal, note que ella entraba al sanitario mientras que Sebastián se levantaba.

Solo estuvimos el tiempo suficiente para que "el maistro" se comprara un café y yo visitara el baño. Mientras tanto se entregaba el equipaje de los pasajeros que descendían ahí y se vendían de nuevo los asientos disponibles.

Antes de subir al carro, "el maistro" me dijo muy discretamente que me esperaban en el camarote, le pregunté:

-Como sabes?-

-Lo leí en sus ojos.- Al mirar por el espejo retrovisor, alcance a distinguir una silueta detrás de las cortinas del camarote; sin duda era Silvia, sin más que agregar, me despedí de mi compañero y me fui a: "dormir"

Una vez acostados y al sentir tan de cerca su cuerpo, las palabras sobraron y ambos adoptamos el lenguaje universal. Las horas que siguieron aun están entre las más tiernas, sensuales, excitantes y altamente eróticas y llenas de pasión que jamás experimentara, finalmente el cansancio cerro nuestros ojos.

Cerca del mediodía el calor del sol sobre en autobús nos despertó, ella seguía a mi lado, hacia horas que habíamos llegado a Durango y antes de levantarnos reanudamos nuestra entrega aun mas desenfrenada que la primera, esta vez no había testigos del otro lado de las cortinas.

Nos fuimos a un hotel para bañarnos y casi de inmediato buscamos un restaurant, ambos teníamos tanta hambre que estábamos listos para devorar media res cada uno.

Después del almuerzo le pregunté:

- ¿Que fue lo que nos pasó?

-No lo sé; aun estoy tratando de digerirlo.- Me dio las gracias por lo que ella calificó como una experiencia única a la vez que sublime y agregó:

-Será mejor no hacer planes, si el destino así lo quiere, nos volveremos a ver.

De cualquier manera le di mi información personal y le hice prometerme que me buscaría. Sin decir adiós nos despedimos, me pidió que por favor no la acompañara hasta donde abordaría un taxi para no arruinar el momento, respeté su decisión sin aceptarla y me conforme con verla perderse entre el ir y venir de la gente. Pasaría un buen tiempo antes de volvernos a ver.

La campaña del candidato.

Un año después, dio principio la campaña por la presidencia de la República, evento que afectaba y sobremanera el transporte foráneo de pasajeros. Todo el servicio se alteraba para dar prioridad a las necesidades de la mencionada campaña con la consabida inconformidad de los usuarios de nuestro servicio y por supuesto de los operadores, aspecto que a nadie parecía importarle. Este es un ejemplo de lo que pasaba cuando llegábamos a donde estaba por llegar el candidato acompañado de toda una comitiva formada por corresponsales de prensa, asesores, coordinadores de campaña, Médicos y enfermeras, representantes del partido en el gobierno, personal de seguridad, ejercito etc.

Central de Autobúses de Tepic, Nayarit.

-¿De dónde llegaron?- Nos pregunto el jefe de servicio.

-De México de 9:00 A. M.

-¿Ya saben lo que les toca?-

-¿Cd. Juárez o Matamoros?- Respondimos fingiendo una ingenuidad que más bien era una súplica para evitar que nos mandaran a traer gente para la manifestación de apoyo del candidato sin conseguirlo. Como ese tipo de servicios eran obligatorios y los hacíamos sin ganar un centavo, tratamos de que se nos asignara uno que no fuera tan lejos ni tan complicado en función del pasaje que íbamos a traer. Fue así que nos mandaron a San Blas a traer un contingente de pescadores, no teníamos que estar temprano de manera que después de cenar, nos fuimos a dormir. Por la mañana mientras cargábamos diesel le dije a "Fili":

-Si te quieres quedar a descansar me voy solo y tú haces el viaje de regreso.

-¿Y perderme la oportunidad de comerme un plato del mejor pescado sarandeado del mundo? Eso nunca– Y nos fuimos los dos.

El viaje de poco más de dos horas a la mencionada playa, se hizo sin contratiempos y una vez ahí, de inmediato se nos dio una muestra de esa hospitalidad provinciana que no tiene igual en ninguna parte del mundo. El líder de la cooperativa nos paso al interior de su casa donde ya se nos servían generosos platos del famoso pescado de que hablara "FILI" acompañados de arroz y frijoles con tortillas hechas a mano calientitas, al centro un plato plano repleto de camarón gigante con limón y pepino sin faltar otro un poco más chico con agua/chile.

Después del almuerzo comenzamos el viaje de regreso, al frente del carro, por el lado de afuera, se instaló una manta que rezaba más o menos así: "Los pescadores organizados de San Blas, Nayarit con el candidato "FULANO" hasta la Presidencia de la República". Al llegar a Tepic la persona encargada del evento, nos instruyo donde dejar muestro pasaje y a qué hora levantarlo, por lo concurrido de la plaza y lo angosto de las calles del centro de Tepic, nos retiramos inmediatamente para no entorpecer el tráfico. Dos horas después de terminado el evento, iniciamos el viaje de regreso a San Blas a donde llegamos sin contratiempos.

De regreso a Tepic medité en toda la derrama económica que representaba mover a toda esa gente además de todos los problemas viales que esto implicaba y multiplicarlo por tantas ciudades donde esto sucedía durante el tiempo que duraba la campaña, todo esto venía sucediendo desde hacía casi setenta años y lo triste es que hasta el día de hoy no se ha hecho nada por impedirlo. También pensé cuantos Hospitales, Escuelas, Presas y Autopistas se podrían construir con todo ese dinero. Termine por lamentar el tener que formar parte de toda esa farsa.

Los retenes y el narco/transporte.

Después de instalado el nuevo gabinete se lanzo casi de inmediato una campaña de retenes en las principales carreteras del país para combatir al narco/transporte, esto trajo como consecuencia:

Muy pocos resultados ya que el tráfico de droga hacia los Estados Unidos nunca disminuyó y por el contrario aumentó considerablemente (De acuerdo con estadísticas de la DEA) durante los años en que el operativo estuvo en efecto.

Inconformidad y protestas de la ciudadanía ya que las autoridades encargadas del operativo como siempre interpretaron a su manera las instrucciones y se dedicaron al abuso de autoridad, saqueo y toda clase de violaciones a los derechos humanos y constitucionales de la ciudadanía.

La industria del turismo fue la más afectada; Imagínese que usted va de vacaciones a otro país y se le ocurre hacer el viaje por tierra y que a los pocos minutos el autobús en el que usted viaja es detenido con el pretexto de que andan en busca de droga y durante el proceso de revisión, le revuelven su equipaje con una sonrisa burlona y una actitud arrogante y prepotente y no se le ocurra protestar porque le bajan de la unidad y se dedican a intimidarlo hasta llegar a amenazarle con llevárselo a la cárcel y golpearle. ¿A usted le quedarían ganas de volver a visitar ese país? Peor aún: ¿Se lo recomendaría a sus amistades una vez que regrese a casa?

Todo esto lo vivió el pueblo de México y lo viví yo durante 6 largos años, mismos de los que todavía se comenta que los: Caro

Quintero, Rafael Aguilar, Pablo Acosta y demás carteles reinaron impunes ya que tenían compradas a todas las autoridades de México aún desde el interior de los reclusorios en donde ya purgaban largas condenas por sus delitos contra la salud.

1:15 México – León

A esa hora la central de autobuses se encontraba semi-desierta debido al bajo flujo de corridas. Esto facilitaba las labores del personal de limpieza para dar mantenimiento al edificio, mientras se llegaba la hora de mi salida, me metí en uno de los restaurantes a tomar un café. Una vez sentado, repasaba la secuencia de mi corrida en un intento por averiguar cuántos días le permitiría a mi compañero descansar en su casa.

-¿Le podemos acompañar?- Me preguntó un joven más o menos de mi edad quien venía muy bien acompañado de una hermosa chica poco más joven que él, elegantemente vestida y maquillada, quienes a juzgar por su apariencia sabían muy bien para que servía el dinero. Con curiosidad les dije que sí, a la vez que llame a la mesera para que ordenaran algo.

Una vez que ordenaron sus respectivas tazas de café, me preguntaron si era yo el operador del carro que iba a León. Asentí pensando que tal vez eran mis pasajeros esa noche, sin embargo el me respondió que no pero que tenía un favor que pedirme; le respondí que si estaba dentro de mis posibilidades lo haría con gusto.

-El caso es que tengo este paquete que tiene que estar a primera hora en León y no lo pude documentar debido a que me encontraba fuera de la ciudad y quiero saber si usted me puede hacer el favor de llevarlo por mí, allá le van a estar esperando estoy dispuesto a pagarle hasta quinientos pesos por sus servicios.-

Al escuchar esto todas las alarmas internas que me previenen de algún peligro se encendieron, ya se nos había informado sobre este tipo de operaciones mediante las cuales reclutaban operadores para transportar droga a las fronteras.

El paquete del tamaño de un maletín de Doctor no podía pesar más de 10 Kilos y no llamaba mucho la atención sin embargo de la manera más atenta les pedí que me disculparan y aludiendo que estaba exponiendo mi trabajo del cual dependía toda mi familia, les di las buenas noches y me retire sin darles oportunidad a que me insistieran.

Era casi la hora de abordar así que me fui a la enfermería a sacar mi certificado de aptitud, mientras el jefe del patio me subía el pasaje. Una vez listo y hoja de viaje en mano, me despedí del jefe de patio e inicie mi viaje. Antes de apagar la luz interior, mire por el espejo en un intento por contar los asientos ocupados para asegurarme de que no había dejado a nadie, lo primero que vi fue a la chica que minutos antes acompañaba al joven del paquete, su belleza era intrigante a la vez que cautivadora, Hubiera jurado que durante el medio segundo que la vi, nuestras miradas se cruzaron.

Eran casi a las dos de la mañana cuando pasé por la caseta de cobro, en ese momento cancele las bocinas principales y dejé las dos que portaba en el respaldo del asiento del operador, esto me permitía seguir escuchando la música sin molestar al pasaje. Al hacer esto, se levanto de su asiento la dama del paquete para pedirme de favor que si podía sentarse en el asiento de atrás de mi ya que viajar siempre le ponía nerviosa y no poda dormir, accedí al tiempo que le ofrecí un paquete de goma de mascar.

A esa hora de la madrugada el tráfico en la autopista es bastante flojo y como el viaje era sin escalas, se trabajaba muy tranquilamente, en una de las veces que voltee para mirar al pasaje por el espejo, note que su cara se recargaba sobre el mamparo entre los asientos y yo, directamente por encima de mis hombros con la mirada perdida pero sin decir nada, con ese pretexto le hice platica:

-Casi me asusta- le dije en un tono de voz tan bajo que solo le permitiera a ella escucharme,

-¿Tan fea estoy?

—Lo que pasa es que no pensé que estuviera tan cerca de mí.

-¿Me puedo parar un rato?

-Por mí no hay inconveniente- Una vez de pie, extendió su brazo a través del respaldo de mi asiento y cada vez que me decía algo, inclinaba su cabeza casi pegando su cara con la mía, sin duda trataba de seducirme.

-Al menos traes muy bonita música

-¿Porque lo dice de esa manera?

-Es que por tu culpa tuve que hacer este viaje.

-Piense en todo el dinero que le van a dar y se dará cuenta que ganará más que yo.- Al decir esto le provoque una risa muy espontanea.

Y fue así, con una conversación sencilla pero amena que llegamos a León alrededor de las cinco de la mañana, de inmediato me reporte y cuando regrese a los andenes para mover el carro ella seguía ahí, parada a un lado de la puerta como si estuviera esperándome.

— ¿No han llegado por el paquete?-

-Aun no- Me pidió de favor que le dejara permanecer dentro del carro hasta que llegara la persona que lo recogería.

- Está bien.

-Gracias es que a esta hora hace poco frio.

-Solo espero que no se vayan a tardar, solo tengo poco menos de cinco horas para descansar- Una vez a bordo se sinceró conmigo.

Me dijo que en realidad la habían mandado a persuadirme para que les transportara droga de México a la frontera y que el paquete era para ver si me animaba a llevárselos hasta Cd. Juárez, al negarme recurrieron a ella pensando que tal vez su hermosura me animaría. Me dijo ser de Venezuela aunque por su acento parecía tener mucho tiempo en México y que ese negocio era tan lucrativo y me podía dejar tanto dinero que en unos meses me podría retirar o comprar mi propio Autobús, al decir esto le pregunte:

-Entonces porque dicen que una vez que le entra uno a ese negocio ya no se puede salir- De nuevo me cautivo con su sonrisa y me dijo:

-Creo que vez muchas películas- De cualquier manera nuevamente me negué y le recordé que me tenía que ir a descansar ya que me esperaba un viaje de casi 24 horas y agregue que tendría que esperar a su contacto en la sala de espera, una vez que se fue, me apure y me fui a dormir no sin antes reflexionar sobre la experiencia que acababa de tener.

Esa mañana mientras me bañaba se encargaron de preparar el carro, para cuando regrese ya el pasaje abordaba la unidad, mucha gente venía a León a comprar calzado para venderlo en sus lugares de origen; eso significaba que las cajuelas irían bien cargadas, en general sería un buen viaje, una vez listos nos pusimos en camino.

Al llegar a Aguascalientes les di tiempo para comer, note con sorpresa que la Chica del paquete seguía a bordo como pasajera, solo que había cambiado el vestido corto de noche por unos pants y sweater y los tacones altos por unos tenis, hasta su peinado era distinto, no cabía duda; con ese cuerpo todo le lucía muy bien, por la comodidad del atuendo que ahora vestía, deduje que iba hasta Juárez. Una vez en el restaurant, me pregunto:

-¿Me dejas que me siente contigo?

-¿No crees que deberías de ser más creativa?

-¡No entiendo! ¿A qué te refieres?

-Es la misma frase que usaron anoche.- Soltó la carcajada al tiempo que se sentaba junto a mí. Como iba manejando solo, opte por una ensalada de frutas, huevos tibios y café, era mi dieta cuando me tenía que desvelar, pidiendo lo mismo, me pregunto:

-¿Estas molesto?

-No tengo motivo para estarlo y no te preocupes por los retenes que yo no abriré la boca.

-Es lo que menos me apura, ya está todo arreglado desde México, si acaso lo dudas vas a ver que ni siquiera te revisan-

-¿Tan segura estás?

—Ya lo verás.

Salimos completos hasta Torreón y por lo tanto nos ahorraríamos poco más de una hora de camino. Sin dejar de pensar en la chica del paquete la cual se fue a sentar ya que la desvelada de la noche anterior empezaba a causar efectos en ella, era óvio que no estaba acostumbrada ya que no despertó hasta que estábamos en la terminal.

Una vez ahí, les di tiempo de cenar y mientras tanto subí a los dormitorios a darme un baño de agua fría para refrescarme y espantar el sueno, costumbre que aprendí de "JUDAS", hecho esto me serví un café para llevar y reanudamos la marcha, tenia curiosidad de ver como se comportaría al llegar al reten que se instalaba antes de llegar a Bermejillo. Cuando llegamos abrí la puerta:

-¿de dónde vienes?- pregunto el oficial,

-De León. -Se limitó a ver el número del carro y me contestó:

-¿Adelante por favor y buen viaje?- fue todo, nunca en los tres años que tenía de haberse implantado el operativo, nos había pasado esto, era extraño pero al parecer la chica no mintió.

Minutos después, volvió a pedirme permiso de venirse al frente conmigo aduciendo que su compañera de asiento roncaba muy fuerte. Con una actitud indiferente le dije que no tenía problema.

-¿Te fijaste que fácil?- Me dijo al tiempo que encendía un cigarrillo y me lo ofrecía, al tomarlo le respondí en vos baja para que no se molestara él pasaje:

-De todas maneras pierdes tu tiempo, definitivamente no estoy interesado, tal vez tengas razón; he visto demasiadas películas pero te repito que no me interesa- Continuo hablándome de todas las cosas adicionales que esto traía consigo tales como: poder político, influencias a los más altos niveles, mujeres etc. En ese momento la interrumpí y le dije:

-¿Entonces qué pasa con toda esa gente que encabeza los noticieros una vez que llegan a la cárcel, los dejan ir?- Se rio nuevamente como burlándose de mi ignorancia:

-Te repito que todo está arreglado- y agregó:

-Dime que necesitas para que no tengas ninguna duda- en ese momento la interrumpí para decirle:

-Ni necesito convencerme de nada ni tengo dudas, simplemente no me interesa, pero gracias de todos modos- Para terminar le pedí que por favor cambiáramos de tema.

En la oficina de Camargo nos paramos por unos minutos, lo suficiente para ir al baño y servirme otro café, era pasada la media noche y hacía poco frio, le ofrecí el camarote para que descansara sí así lo deseaba, me dio las gracias y me contesto que prefería irse ahí de pie conmigo ya que no podía dormir cuando viajaba.

-En ese caso porque no te agarras tú el volante y yo me voy a dormir.- Le dije en son de broma desde luego.

El resto del viaje transcurrió sin contratiempos, hablamos de su país de origen, dijo tener un hijo de 3 años que estaba al cuidado de su Mamá y que hacía apenas dos años que había llegado a México. Tenía solo 22 años de edad y se notaba que había estudiado por lo menos hasta el equivalente de la secundaria. Por todo eso no me quise quedar con la duda y le pregunte:

-Eres muy educada, se nota que tienes clase- Continué diciendo:

-¿Cómo fue que te metiste en esto estando tan preparada y siendo tan hermosa y joven?- De nuevo apareció en ella esa mirada perdida y me contesto:

-Nada de eso te sirve si no tienes los contactos adecuados. Además cuando te enamoras, solo sigues los dictámenes de tu corazón.

-¿Quieres decir que te enamoraste de alguien y por ese alguien andas en esto?- le pregunté tratando de entenderle.

—Ya no estamos juntos pero esa es más o menos la historia-

-¿Y no te has puesto a pensar que tal vez por eso te enamoró, para reclutarte y ponerte a hacer el trabajo sucio por ellos?- En ese momento comprendí que me estaba metiendo en algo que no era de mi incumbencia, de inmediato me retracte y dije:

-Olvídalo no me interesa será mejor que lo dejemos por la paz.

Al llegar al retén que se improvisaba antes de llegar a Cd. Juárez, de nuevo nos pasó lo mismo que en el anterior, en cuanto los federales se percataron del numero de la unidad, me indicaron que continuara sin revisarme, una vez en Juárez a la altura de conocido centro comercial me pidió que la dejara bajar, al llegar ahí, note que ya la esperaban lo suficientemente lejos para no permitir una identificación del vehículo, eran las 4:45 de la mañana y aun estaba muy obscuro, al despedirse me dejo una tarjeta con su número de teléfono en la ciudad de México y me dijo:

-Por si cambias de opinión- y se alejo sin decir adiós.

Horas después ya en la privacidad de mi habitación me invadían toda clase de dudas y reflexionaba sobre lo bien organizado que estaba el narco tráfico. Tenía que ser muy buen negocio y rendir suficientes dividendos para poder alcanzar a comprar a tanta gente, con qué razón actualmente están las cosas como están en mi México. Con ese pensamiento me quedé dormido después de todo no solo había sido un viaje muy largo para mí solo sino que estuvo lleno de experiencias.

Hoy día las cárceles de México albergan cientos de ex-operadores quienes en un afán por mejorar su situación económica, se prestaron a este sucio juego y terminaron perdiendo hasta el patrimonio familiar ya que sus supuestos padrinos los abandonaron a su suerte el mismo día en que cayeron en la cárcel, algunos hasta mencionan que fueron los mismos narcos quienes les pusieron una trampa en un afán por deshacerse de ellos.

Espero sinceramente que las nuevas generaciones de esta noble disciplina, no se dejen engañar ni mucho menos deslumbrar por las joyas, las mujeres o los miles de dólares que les prometan que deja el narco transporte. Tarde o temprano serán descubiertos y ningún dinero será suficiente para recuperar su libertad, se convertirán en la vergüenza de sus familiares y amistades la mayoría de los cuales no querrán volver a saber nada de ustedes.

La prueba de esto la vemos actualmente todos los días, tanto en la televisión como en la carretera y es la violencia que se ha desatado por el control de este sucio negocio; eso les puede costar la vida, recuerden esto cada vez que se sientan tentados a formar parte de este ilícito

Se me hace que no llega entera "Maistro"

Toda mi vida me he identificado mejor con aquellas personas mayores que yo; siempre me atrajo mas la experiencia y los conocimientos de alguien con edad que la inmadurez y en muchas ocasiones infantilismo de aquellos de mi edad o menores que yo, quiero pensar que la forma como crecí tuvo mucho que ver con esto. Tal fue el caso de "SEBAS" (Sebastián), un compañero con algunos años más que yo, pero con quién llegué a entablar una gran amistad que solo el tiempo y la distancia se encargaron de almacenar entre mis recuerdos más preciados.

Una vez que regresé después de mes y medio de incapacidad debido a la fractura de un dedo pulgar, fui asignado al carro del buen "Sebas", a pesar de que ya nos conocíamos, desde un principio nos identificamos y nos llevamos tan bien que el día que nos separaron nos molestó tanto que apelamos la desicion de nuestro Jefe y ante su negativa por primera vez lo vi molesto.

Cierta noche mientras aguardábamos nuestro turno de formar en los andenes de la Central, observaba una señora muy joven y de aspecto humilde y en un avanzado estado de embarazo, quién junto con otra un poco mayor esperaban pacientemente la hora de abordar; en eso me preguntó "SEBAS":

-¿La conoces?

-No es eso-, le respondí:

-Tengo la impresión de que ya le falta poco para aliviarse y cualquiera que sea su destino, se me hace que no va a llegar entera "maistro" (Así nos decíamos entre sí. Sarcásticamente me respondió:

-Ni que fueras Doctor.

-Es simplemente una observación eso es todo, espero que no vayan muy lejos.

20:00 Guadalajara-Matamoros

Como yo saldría manejando, me tocó ir a sacar el certificado Médico, y la hoja de viaje, de regreso al carro "SEBAS" me comentó casi con su sonrisa burlona:

-¿adivina a dónde va la señora embarazada?- Alcancé a exclamar con cara de asombro:

-¡NO!- Luego que me repuse le conteste:

-¡Espero que al "bebe" no se le ocurra hacer su debut hasta después de que lleguemos a su destino!

Nos pusimos en marcha, y una vez en la carretera "SEBAS" me aconsejó:

-Será mejor que se la lleve de lujo "maistro" (despacio y sin movimientos ni enfrenónes bruscos), no se le vaya a alborotar la creatura- Dicho esto, me dio las buenas noches y se fue a descansar.

Al decir descansar me refiero a que al menos para mí era muy difícil conciliar el sueño al grado de que en muchas ocasiones solo dormitaba. Si tomamos en cuenta que el dormitorio estaba localizado directamente arriba del motor y a un lado del sanitario, podrán entender mi frustración.

Íbamos directos hasta Saltillo era una de esas noches de luna nueva preciosas en las que la visibilidad es casi perfecta aun sin las luces delanteras encendidas además del cielo estrellado el cual por si solo brillaba en toda su majestuosidad. Pasadas las tres de la mañana nos encontrábamos en el tramo conocido como la recta de Coz, un tramo muy aburrido ya que no hay casi curvas ni pendientes prolongadas amen de muy poco tráfico, pero nada que no fuera compensado con la buena música de mi estéreo que a muy bajo volumen escuchaba yo para no molestar al pasaje.

Como a medio camino de la recta, note que alguien encendió la luz de lectura más o menos a medio carro, casi enseguida se me acerco una señora y me dijo:

-Disculpe que lo moleste pero creo que mi hija está a punto de aliviarse.

De inmediato busqué donde salirme de la carpeta asfáltica a la vez que despertaba a "SEBAS" por el intercomunicador.

Una vez estacionado y con las luces de emergencia, me levanté para ver a su hija y al hacerlo note que la fuente tenía rato de habérsele roto y sus contracciones eran más frecuentes cada vez. Para entonces y como había encendido las luces interiores, casi todo el pasaje estaba despierto. Nadie respondió cuando pregunté:

-¿Hay algún doctor o enfermera a bordo?- Le pedí a "SEBAS" que me desalojara la unidad lo más pronto posible al tiempo que buscaba los juegos adicionales de fundas para los asientos y cortinas y toda clase de artículos estériles que me pudieran servir incluso papel periódico.

Como los pasajeros se resistían a desalojar el carro mas por morbo y curiosidad que por miedo a la obscuridad o a los peligros del monte, aún después de varios intentos de mi compañero, me vi en la necesidad de levantarles la voz y advertirles que de no hacerlo les responsabilizaría de cualquier cosa que le pasara tanto a la criatura como a la madre. En menos de 30 segundos la unidad quedó vacía.

-Si se detiene un autobús en la dirección que sea, por favor pregúntele si trae a un doctor o enfermera a bordo y si no es así que siga su camino.- Le pedí a un pasajero antes de regresar con la señora.

Quisimos acomodarle en el camarote para tener más espacio, lamentablemente la parte superior del cráneo del bebe ya era visible de manera que opté por no moverla; al intentar acomodarla para facilitarle el parto, salió la cabeza por completo, un par de contracciones más y tenía en mis manos sus bracitos, el resto prácticamente salió solo; era un varoncito y tanto el bebe como la madre se encontraban estables.

Hay algo en la vida del campo que hace más sana y resistente a la gente que crece y se desenvuelve en este ámbito; me inclino a pensar que su alimentación es más natural, viven en un ambiente menos contaminado y consecuentemente sus defensas inmunológicas son más resistentes a cualquier amenaza en su organismo, la ciudad con todos sus contaminantes y alimentos pre-cosidos y llenos de preservativos, nos hace cada vez más débiles y menos resistentes. La juventud de la madre fue también factor muy decisivo para facilitar el parto.

-Esto será más fácil de lo que anticipé.- Le dije al "maistro".

-Traite por favor el alcohol y las tijeras que cargo en mi maletín de baño- Luego de un rato regresó:

-¿Son estas?-

-Esas meras, por favor báñalas en alcohol y préndeles fuego para esterilizarlas usa el lavatorio del baño.- Le dije a "SEBAS" como si le estuviera hablando un Médico a su enfermera. Procedí a cortarle el cordón umbilical no sin haberle anudado antes. Este fue el único aspecto del parto que me puso un poco nervioso así que le pedí a Dios que cortara por mi y hecho esto, corté sin miedo y todo salió bien aunque el anudar me costó un poco de trabajo debido más que nada a mi falta de experiencia que a lo resbaloso del cordón umbilical.

No lo hice tan mal considerando que el único parto que había presenciado antes había sido en video durante el curso de primeros auxilios, me sentí muy seguro de mi mismo y con la excepción de algunos moretones en la frente producto de su esfuerzo por ingresar a este mundo, ese niño lloraba con unos pulmones que parecían indicar que sería barítono de profesión, el parto había sido todo un éxito.

Con una cubeta de 5 galones de plástico que cargábamos llena de agua como parte del equipo de emergencia, misma que se renovaba cada vez que pasábamos por una cascada de la sierra Huasteca cuyo nombre se me escapa pero muy famosa por la pureza y frescura de su agua, empezamos las labores de limpieza, la abuela se encargo de limpiar al bebé lo mejor que se pudo considerando las circunstancias mientras que la nueva madre lo hizo a sí misma. Hecho esto, les acomodamos en el camarote para que estuvieran más cómodos el resto del viaje, el bebe ya dormía como un ángel luego de que recién probara las delicias de la leche materna por vez primera.

Mientras el pasaje abordaba la unidad nos lavamos con la poca agua que nos dejaron, mi impecable camisa blanca estaba convertida en un girón de sangre, me vino a la mente mi tío Arturo de oficio carnicero el cual siempre que despachaba lo hacia luciendo impecable camisa blanca y corbata y a quien ayudé en algunas vacaciones de verano en mis años mozos.

Con uniformes limpios, nos dispusimos a reanudar el viaje; fue hasta entonces que mirando al horizonte por donde ya los primeros rayos de luz anunciaban al nuevo día, que me di cuenta de la magnitud de mi experiencia y le di gracias a Dios por haber podido asistir a esa pobre mujer en un momento tan crucial de su vida. Antes de abordar ya con "SEBAS" al volante, me volví hacia el cielo y respire profundamente un par de veces.

Decidimos llevarles a Saltillo, ciudad aproximadamente a una hora de donde nos encontrábamos y en donde recibirían todas las atenciones necesarias y además les correspondía registrar al niño. Atrás quedaría la placenta junto con todas las fundas de los asientos y cortinas de las ventanillas llenas de sangre y demás fluidos mudos testigos de lo que ahí sucedió esa madrugada. Al llegar a la Central, le dije al "maistro":

-Por favor vete directo a la enfermería y mientras yo voy por el doctor; entrega los equipajes de los que se quedan aquí y dales tiempo de almorzar a los que siguen más adelante.

-Como se siente señora- Pregunto el Doctor al tiempo que auscultaba a ambos pacientes, la recién madre en sus cortas palabras visiblemente agotada y aún sin reponerse de su experiencia alcanzo a balbucear:

-Poco cansada y como mareada.

-Tranquilícese que ya paso lo más delicado y está en buenas manos, enseguida la vamos a trasladar al hospital para que le hagan una evaluación más adecuada tanto a usted como al "bebé" de manera que relájese que ya viene la ambulancia en camino- Dicho esto, se disponía a regresar a la enfermería cuando la mano de la recién convertida en Madre le detuvo para decirle con una voz muy débil y mirando hacia nosotros:

-"Siempre estuve en buenas manos".

Una vez en la ambulancia y ya con el pasaje a bordo, reanudamos nuestro viaje. Antes de irme a dormir, noté a Sebastián un poco serio, al preguntarle el porqué de su seriedad respondió:

-Caray entre más te trato más me dejas con la boca abierta "Maistro", lo que quiero decir es que yo en tu lugar no le hubiera entrado como tu aunque supiera que hacer, esas son cosas muy delicadas-

-Solo pensé en lo que hubiera sido de ella y de la creatura si los hubiésemos abandonado a su suerte.

-Ahora que me acuerdo, nadie nos dio las gracias. Me tomó unos segundos pero le respondí:

-¿A cuántos operadores conoces que cuando lleguen a viejos, se podrán sentar en su sillón favorito rodeados de sus nietos y compartir con ellos una historia como esta?

-Este es material de lujo "maistro"- Al decir esto se dejo escuchar un sonoro aplauso y vivas para nosotros de parte de todo el pasaje, en ese instante me volví para decirle a mi compañero:

-Ahí tienes tus gracias.-

Faltaban más de 6 horas para llegar a Matamoros y yo no había dormido nada de manera que le dije a Sebastián:

-Hoy escribimos una página muy importante de nuestra vida- y me fui a descansar.

El peregrino de la Paz

En mayo de 1990, nos visito el Papa Juan Pablo II, era la segunda visita de su santidad a México y la primera de un personaje de tal investidura a la ciudad de Chihuahua. Me tocó llevar a un grupo de la Iglesia de Todos Los Santos de El Paso, Texas. Poco antes de la medianoche salimos hacia la ciudad de Chihuahua, el recorrido era de tan solo cuatro horas debido a que la autopista entre Cd. Juárez y Chihuahua por fin era una realidad.

Los campos Limas de la colonia Avalos al sur/este de la ciudad sirvieron para albergar al casi millón de fieles quienes desde la noche anterior se dieron cita para poder ver de cerca a tan distinguido personaje, ni el candente sol ni los empujones de la muchedumbre hicieron que la gente desistiera de su propósito de ver de cerca a Su Santidad.

Al abrir las escotillas del techo para ventilar él autobús, se me ocurrió subirme por ahí al techo del mismo, me hice acompañar del banco de las visitas mismo que llene de refrescos y hielo y unos binoculares que cargaba siempre conmigo como parte de los accesorios del carro, desde ahí pude obtener una perspectiva directa y cómoda, cuando me di cuenta ya la mayoría de mis colegas hacían lo mismo, me despojé del uniforme y me puse en short y playera para más comodidad y ventilación. Sin proponérmelo, me había tocado uno de los mejores sitios para el evento.

Al llegar el tan esperado momento, Su santidad arribo en medio de una tanda de aplausos que duro más de diez minutos, no cabía la menor duda el hoy beato irradiaba y nos contagiaba un carisma que nunca antes experimenté dentro de mí, si usted amiga o amigo lector estuvo presente en alguna de las visitas del Papa, me dará la razón.

Después de la bienvenida por parte del Arzobispo Merino Almeida y las autoridades Estatales y Municipales, se le deleito con danzas y música Tarahumara y cuando por fin se logro guardar silencio nos dispusimos a escuchar la homilía.

Por ser el día de las Madres, ese día se dirigió a la mujer Mexicana de esta manera:

"La mujer está llamada a mantener viva la llama de la vida, el respeto al misterio de toda nueva vida.

A la mujer, Dios le confía de un modo especial el hombre, es decir el ser humano.

En virtud de su vocación al amor, la mujer no puede encontrarse a sí misma si no es dando amor a los demás".

Por último y después de su bendición, despedimos al Papa entre vivas y aplausos sin faltar el Mariachi tan gustado por él.

Antes de tomar carretera, pase a cargar diesel ahí también había carros de todas las empresas esperando su turno, una vez en las bombas me quede sin habla, frente a mi estaba ella mirándome como esperando una reacción mía, misma que por algún motivo no podía ejecutarse ya que mi cuerpo se rehusaba a mover. Por fin alcance a decir:

-¿Silvia?

- Si soy yo y si no paras esa manguera, vas a regar diesel por todo el piso y vamos a volar todos.- Me respondió sonriente.

Solté la manguera inmediatamente y corrí hacia ella, nos abrazamos y nos dimos un beso como si hubiéramos dejado algo pendiente desde la última vez.

-¿Has venido a ver al Papa?

-No; Voy a El paso, voy en aquel carro.- Dijo señalando un Autobús que se encontraba dos carros atrás de mi.

-Y porque no te vienes conmigo, yo también voy para allá, solo que voy de especial.

-No puedo; viene mi hermana conmigo.

-¿Y cuál es el problema?

-Que una vez que todo el pasaje se vaya te voy a querer arrancar la ropa y con ella enfrente no voy a poder.

-Te entiendo y no te culpo yo también tengo ganas de hacer lo mismo, solo

que ahorita mismo y delante de toda esta gente.

-Aguarda un poco no me tardo.- Me dejó ahí como si tuviera todo el tiempo

del mundo, sin embargo y a punto de cerrar la bomba voltee de nuevo y las

vi caminando en dirección mía.

-Ella es mi hermana Yolanda.- Casi una réplica de Silvia solo que menor

que ella.

-Encantado Yolanda y bienvenida a bordo; eh porque no se acomodan que

ya casi nos vamos.

Cerca de las cuatro y después de sortear un caos vial nunca antes visto en la ciudad, emprendimos el viaje de regreso, mientras que algunos pasajeros dormían debido al cansancio ya que habían estado de pie y expuestos al ardiente sol y al calor seco del desierto, otros no cesaban de compartir sus experiencias y vivencias y como de alguna manera sentían que sus vidas serían distintas a partir de la visita del Santo Pontífice, como había algo de tráfico el camino de regreso nos tomo casi una hora más de lo normal.

Por el camino tuvimos oportunidad de poner nuestras vidas al corriente y fue así que me entere que era una prominente comerciante allá en su pueblo natal de Santa María del Oro, Dgo. Su proyecto de abrir una tienda de ropa era ahora toda una realidad y por eso merecía toda mi admiración y respeto, su hermana fascinada se entretenía viendo películas en el camarote, al llegar al puente internacional nos abordó un inspector:

-¿Buenas noches de donde vienen?- Casi al unísono el pasaje respondió:

-De estar con el Papa- Yo creo que no le pareció buena nuestra respuesta pues molesto me ordeno que abriera las cajuelas e hizo descender a todo el pasaje incluyendo niños. Posteriormente llamo a otro agente para que le ayudara a revisar el carro el cual se hacía acompañar de unos de los perros que se usan para detectar droga mientras el revisaba los documentos de todos y cada uno de los pasajeros incluyendo mi pasaporte, terminado esto permitió el ascenso del pasaje y nos dejaron entrar.

Una vez en El Paso, y después de que se despidieron, me invadió una sensación de paz y serenidad debido a la experiencia de ese día, en ese momento comprendí que: Mientras hubiera personajes como él Papa, habría esperanza para él mundo y siempre estaría el ahí para recordárnoslo aun después de su muerte en Abril de 2005.

-¿Que les gustaría cenar?

-No lo sé tengo tanta hambre que me comería lo que sea.- Contesto Silvia

-Podemos comer algo aquí o podemos ir a Juárez y comer allá.

-¿Y tener que enfrentar de nuevo al sargento mal pagado de hace un rato? No gracias.

-Je Je tienen razón creo que no fue una experiencia muy agradable que digamos.

Me dirigí a un restaurant de comida variada que había cerca en donde cenamos y platicamos muy amenamente. Al término de la misma, les lleve a un hotel del centro del paso en donde pasarían la noche, antes de despedirnos me dijo:

-Gracias por todo, una vez más me das muestras de tu espíritu de servicio.

- No entiendo.- Le respondí

-Venia algo preocupada porque tal vez tendría que dejar a mi hermana sola en algún hotel de Juárez y mira gracias a ti aun no compramos nada pero ya estamos de este lado.

-Sigo sin entender en donde entré yo al rescate.

-¿De verdad no te diste cuenta?

-Te juro que no te entiendo.

-"Yolita" no trae pasaporte y cuando cruzamos el puente yo estaba segura de que me la iban a regresar pero le dije no te le despegues a Luis y si te fijas ni siquiera se lo pidieron, de nada les sirven los perros ni que sean tan exagerados a la hora de revisar.

-¿Pero tu si tienes?- Le pregunte tratando de no mostrar mi asombro.

-Yo arregle desde hace 5 años.

-Pues te acabas de arriesgar a que te lo quitaran de por vida. ¿Te das cuenta?

-Lo sé pero contigo no me dio miedo ni me puse nerviosa.

-Prométeme que no lo volverás a hacer y en cuanto puedas, arréglale el pasaporte a tu hermanita si quieres que te acompañe en el futuro.

-Prometido, pero no te vayas a ir enojado conmigo esta noche.

-Contigo es imposible permanecer enojado, pero si te mereces unas buenas nalgadas.

-"Ay Papito" en ese caso pásale a mi cuarto.

-No empieces que no estás en condiciones de cumplirme.

-Tienes razón, será mejor que me meta a dormir, mañana será un día muy ajetreado para mí. ¿No sabes a donde te van a mandar?

-No, pero si quieres saco a Durango por Parral y las dejo de pasada.

-Eso sería fabuloso, no pero ya estaría abusando de ti.

-¿Y se puede saber porqué?

-¿Estás seguro de que no interfiero en tus planes?

-Cualquier cosa con tal de continuar con el placer de tu compañía.

-Está bien, pero yo como voy a saber.

-Vente vamos a hacer una llamada por teléfono.

Nos fuimos a buscar un teléfono público y una vez que lo encontramos, me reporte a la jefatura de servicio. Sin problemas me dieron el turno que yo quería, mismo que me permitiría dejar a Silvia y a su hermana en el crucero de Santa María cerca del amanecer, una vez que le di la información a Silvia, nos despedimos y me fui a dormir.

Por la mañana metí el carro a engrasar, lavar y una vez que cargué Diesel me fui a la central y les aparte dos lugares a mis invitadas.

19:45 Cd. Juárez-Durango

Esperaba ansioso la llegada de mi Compadre Cornelio para darle la gran noticia. Al llegar al taller:

-Recuerda aquella chica de quien le hable y que le dije que daría cualquier cosa por volverla a ver.

-Si; ¿que tiene Compadre?

-La he vuelto a ver y tanto ella como su hermana van de pasajeras con nosotros esta noche.

-Ya apareció el peine Compadre.

-No entiendo.

-Solamente unas faldas lo iban a hacer tomar una corrida tan triste como esta. Explico mi Compadre y agrego:

-¿Y a donde está la interfecta?

-Ahora que lo menciona no nos pusimos de acuerdo en eso.

-¿Como? No le digo Compadre nomas se trata de faldas y de inmediato comienza a desatinar.- Y sin acabar de regañarme de pronto apareció una van por la calle desde donde me hacían señas con las luces; era Silvia que me andaba buscando. Antes de bajar le dije a mi compadre:

-Ahí está la respuesta a su pregunta Compadre.

-Hola; ¿Cómo les fue?

-Bien pero traemos muchas cosas, ¿Quieres que te veamos en la Central?

-Déjame ver.

-Es todo esto más todo lo que esta atrás.

-OK no hay problema pero vamos a otro lugar a cargar; aquí hay muchos "pajaritos en los alambres", síganme.- Y se vino Silvia conmigo, Mi compadre adivinando mis intenciones arranco el carro y ya se encontraba detrás del volante. Una vez en casa de mi compadre, acomodamos casi todo en la cajuela del Aire Acondicionado y lo que no cupo fue a dar a los pies del camarote.

-¿Estás seguro de que todo saldrá bien?

-No, pero de todos modos no te preocupes que de esto se mas que tu.- Como faltaban más de dos horas para la salida, nos fuimos a tomar un café.

-Mire Compadrito ellas son Silvia y su hermana Yolanda.

-Mucho Gusto.- Les dijo mi compadre.

-Su Compadre me ha hablado mucho de usted.- Respondió Silvia y agregó.

-Con las prisas y los nervios ya ni te presente a mi hermano.

-No te preocupes.- Una vez en la central, y mientras subíamos el pasaje Silvia tomaba fotos de la unidad y de un servidor, ya casi para salir le dije:

-los lugares 3 y 4 son los tuyos, siéntense ahí por lo menos hasta que pasemos la garita de revisión.

-Está bien pero dime una cosa: ¿Quién va a manejar?

-Yo Muñeca.

-¿Que no te toca descansar?

-Si lo dices porque mi Compadre viene de estar más de una semana en su casa, eso no funciona por lo menos en este carro.

-¿Porqué?

-Porque a mí siempre me gusta sacar las corridas.

Salimos con el carro lleno y sin contratiempos, una vez en la garita todo salió bien más que nada porque ya sabía que a esa hora la mayoría de los inspectores ya se encuentran alcoholizados y solo se concentran en vehículos particulares. Como las cajuelas ya venían selladas desde la Central, ya ni se preocuparon en revisar dentro de la unidad de manera que me indicaron que continuara y así lo hice fue hasta entonces que mi compadre tuvo tiempo de entregarme el carro:

-Bajan 8 en chihuahua, 4 en Delicias y 2 en Camargo, el resto en Parral y hay 2 al crucero de Santa María, ¿Quién sería el idiota que vendió al Crucero ese Compadre?- Tanto Silvia como su hermana y yo nos reímos, una vez que me repuse de la risa le explique que el idiota había sido yo y que Silvia y su hermana eran las pasajeras.

-Mejor será que me vaya a dormir, ¡A propósito! Ahí le traje la nueva de Chuck Norris.- Me dijo refiriéndose a una película y buscando mi aprobación.

-Gracias Compadre, ¿quiere que le hable para cenar?

-No Compadrito creo que mejor aprovechare y me voy a dormir. Luego de despedirse del pasaje, se fue a descansar. Silvia se levanto y se puso a buscar un casete en particular y aproveche para preguntarle:

-¿Estas cansada?

-Un poco ¿Porqué?

-Porque me imagino que todo el día anduviste ocupada haciendo tus compras. En el estéreo ya se escuchaba música de Roberto Carlos que ella había seleccionado.

-Si; pero como te lo podría explicar para que me entendieras.- Después de una pausa agregó:

-Aguarda creo que ya lo tengo.

-Con la misma pasión que a ti te gusta la carretera, a mi me gusta el comercio. ¿Me explico?

-Por supuesto y no solo te entiendo sino que se te nota.

-Pues que bueno porque si tienes intenciones de llegar más allá de nuestro encuentro de la otra vez, vas a tener que aceptar que esto es una parte muy importante de mi vida.

-Oye espera un momento yo nunca dije que - Me interrumpió para seguir diciendo.

-No lo has dicho pero es claro que esas son tus intenciones; O ¿Me equivoco?- Una vez más Silvia seguía siendo Silvia.

- Por supuesto que no pero: ¿Que no debería ser yo el que te estuviera diciendo esto?

-Y porque no yo; ¿Porque soy mujer? Además vienes manejando y no te puedes dar el lujo de distraerte.

-En ese caso no deberíamos esperar a.-De nuevo me interrumpió.

-A que. ¿A volvernos e encontrar accidentalmente como ayer?- Su arrogancia me comenzaba a disgustar pero tenía que admitir que tenía razón.

-Haz el favor de sentarte.

-Dije algo que te molesto? – al decir esto noto que me salía de la carretera y dijo.

-Oye no es para tanto ya me voy a callar si eso es lo que quieres.- Una vez estacionados, encendí las luces interiores, tome el micrófono y dije:

-Atención señores pasajeros: Nos encontramos en Villa Ahumada y Disponen de 25 minutos para cenar; Por razones de seguridad, nadie puede permanecer a bordo ya que vamos a cerrar la unidad.- Dicho esto me dispuse a asistir a quienes lo necesitaran hasta que la unidad quedo completamente vacía con la excepción de mi compañero.

Después de esto, nos dirigimos al interior del paradero muy famoso por sus guisos y sus tortillas de harina; estábamos en el estado de Chihuahua, famoso por su ganadería y sus cortes de carne; después de ordenar la cena voltee a ver a Silvia y le dije:

-Ahora si me puedes decir si ya terminaste con tu lección.

-Cual lección yo solamente quiero que te quede claro que no soy una mujer dispuesta a cambiar por un hombre, por muy enamorada que este de ti.

-Muy bien, ¿Algo más?

-Eso es todo.

-Mira Silvia yo sería incapaz de querer cambiarte eso para mí sería como no respetar tu forma de ser y no me gustarías de otra forma que no fuera como eres actualmente.

-Es que por un momento me dio la impresión.

- AH, AH yo ya te deje hablar creo que es mi turno.

-Ayer cuando te vi me dio un gusto tan inmenso que solo se puede comparar con el gusto que me dio el haber tenido la oportunidad de ver de cerca a Su Santidad por la mañana.- Para terminar le dije:

- Si; me gustaría cultivar tu amistad y si; seria para mí un honor que te fijaras en mí y si; vamos cenando porque solo les di 25 minutos y ya llevamos la mitad discutiendo.- Los tres estallamos en sonora carcajada.

Después de la cena, subí al pasaje mientras Silvia y su hermana se detenían en el baño, para hacer un poco de tiempo, me puse a checar las llantas y las luces, ya de regreso, nos pusimos en camino faltaban aproximadamente dos horas para llegar a Chihuahua.

-Una vez más me has sorprendido.- Me dijo sin quitar la vista del camino.

-¿Porque lo dices?

-Te voy a confesar algo que me paso cuando nos conocimos.

-Te escucho.

-Yo tenía prisa por llegar a Santa María porque me iba a casar.

-¿A si?

-Sí pero cuando regrese me di cuenta de que mi prometido no quería una esposa sino una esclava y además tenía una lista muy larga de hábitos y costumbres que tenía que adoptar o dejar según su voluntad y esa definitivamente no soy yo.

-¿Y qué te hace pensar que yo soy igual?

-No lo pienso, es que tengo miedo que el único hombre que de verdad me gusta vaya a quererme manipular como ya lo intentaron antes. Volví a sentir su mano sobre la mía de la misma manera que la primera vez.

-Si yo intentara hacer algo así te estaría alejando de mí y no me gustaría perderte ahora que te vuelvo a ver. Por el espejo alcance a ver que su hermana Yolanda se había quedad0 profundamente dormida y reanude mi conversación diciendo:

-¿Debo de tomarlo como un cumplido?

-¿A qué te refieres?

-A que soy el único hombre que te interesa.

-Tampoco te vueles.

-No me vuelo, solo me imagino que en tu pueblo debes de tener un gran número de admiradores, lo cual me resulta perfectamente normal considerando lo hermosa que eres.

-Ves porque me gustas, hasta para decir algo así eres diferente, justo el otro día se lo decía a mi Mamá.

-No entiendo.

-Sin tratar de menospreciar pero los de mi pueblo son una bola de machistas ignorantes que no saben decir cosas así de bonitas y la mayoría son hasta groseros sobre todo cuando no les correspondes.

-Y supongo que opinar así te ha convertido en el blanco de severas críticas por parte del sexo opuesto.

-Lo peor es que nunca pensó que ya con la iglesia, el salón y todo arreglado me arrepintiera.

¿Te puedo hacer una pregunta? - Le dije para cambiar de tema y no es que no me interesara ya que estaba conociendo un lado muy sensible de su persona, era que kilómetros adelante me tendría que ir a dormir y quería que se desahogara completamente y para eso estábamos en el lugar más inapropiado.

-Dime.

-Vamos a llegar antes de que amanezca al crucero de Santa María, ¿Como le piensan hacer a partir de ahí?

-Mi hermano el que no conociste ya le llamo a mi Papá y el nos estará esperando en el crucero.

-Pues te felicito, tienes un sistema muy bien establecido.

-Gracias pero no funcionaria nada sin la ayuda de mi Papá y de mis hermanos.

-Pues felicitaciones a ti y a tu familia, así es como una familia debería de ser, la mía está muy lejos de ser como la tuya.

-¿Porque lo dices?

-Por eso porque no somos unidos aunque yo si te puedo decir con satisfacción que cuando se les ha ofrecido no les he fallado, en ese aspecto yo he hecho mi parte.

Entrando a Chihuahua, por el espejo note que mi Compadre ya se levantaba así que encendí las luces del pasillo, le pedí a Silvia que por favor se sentara mientras hacíamos el cambio.

-¿Ya llenó compadre? – Le pregunté

-Ya préstemelo tantito Compadrito, nomas usted se lo quiere acabar.

-Yo por mí ahí lo tiene Compadre.

Mientras mi compadre sacaba el certificado de aptitud, yo me encargaba de la oficina y toda vez que subieron los 4 pasajeros que subían ahí, continuamos nuestro viaje.

-Le encargo el Diesel en Parral.

-Si le parece bien nomás le voy a poner unos 100 litros, ya ve que ahí no está centrifugado.

-Me parece bien, ahí le encargo a las visitas Compadre.

-No tenga cuidado, voy a manejar de lujo.- Me dirigí al pasaje y les dije:

-Se quedan en buenas manos.

Apenas empezaba a quedarme dormido, cuando sentí que Silvia me decía en voz baja:

-¿Me haces un campito Guapo?

-Sí, pero tendrás que pasarte al lado de adentro por si acaso me tengo que levantar- De pronto sus labios sellaron los míos y no me permitieron decir más, mis manos comenzaron a recorrer ese cuerpo casi perfecto que ya demandaba ayuda para liberarle de esas ropas ya que la entrega era inminente. Una vez más, nuestros cuerpos se fundieron en uno y tanto macho como hembra llegaron a la cúspide del orgasmo después del cual caímos en un letargo que nos llevo a una paz interna imposible de conseguir de cualquier otra manera. Dormíamos profundamente cuando:

-Compadre, aliviánese que nos ponchamos.

-Ahí le voy Compadre.

En efecto era una llanta exterior, misma que ya mi Compadre se acomedía a remover, mientras yo me dediqué a abrir la mochila para sacar la llanta de refacción. Hecho el cambio y toda vez que nos lavamos las manos, continuamos el viaje y fue hasta entonces que me di cuenta que ya Silvia se había levantado y que su hermana venia despierta.

-¿Sabes que te toca en Durango?

-No; pero mi Compadre es un experto para eso.

-Si no nos regresan a Juárez por Torreón, nos toca México a las 19.00 hrs. Directos.

-Ahí lo tienes, pero cualquier cosa, ya sabes que numero marcar y ahí te dicen en donde ando o a donde voy, solo dales el número del carro.- Menos de una hora después, llegamos al crucero de Santa María, tal y como lo dijo Silvia, nos esperaba una Camioneta:

-Mira el es mi Papá.

-Mucho gusto Señor.- Me extendió la mano un señor de tez morena más bien curtida por los años y el frio de la sierra.

-El gusto es mío. Bueno pues espero que no les falte nada y nos hablamos pronto.- Me despedí de Yolanda y una vez más le di mi mano al Papá de Silvia.

-Buen viaje y gracias por traerme a mis chiquillas.- A punto de subir al carro escuche a Silvia:

-¡Aguarda!- Al voltear a verle ya estaba junto a mí, me volvió a abrazar y me dio un beso acompañado de un: ¡Te quiero! que ya no me permitió dormir durante el resto del viaje.

-Si gusta irse a dormir Compadre.- Le dije a mi compañero con ganas de que me dijera que sí.

-Ya casi amaneció compadre porque mejor no le cae usted ya ve que yo vengo fresco y si no puede ahí están las películas nuevas.

-Tiene razón, ahí me habla si me necesita.- Y me fui a la cama consiente de que no iba a poder dormir pensando en Silvia y su última reacción.

Al llegar a Durango nos turnaron para Guadalajara pero nos dejaron de guardia, lo que significaba que si algún carro fallaba durante el día, nos tocaría cubrir el turno del carro faltante.

17:30 Durango - Matamoros

Por la tarde falló el carro de Matamoros y nos formamos para subir el pasaje cuando llego Silvia:

-Por poquito y no te alcanzo.

-¿Qué haces aquí "Pequeña"?- Le pregunte sorprendido.

-Vine porque quiero explicarte algo.- Le pedí a mi Compadre que recibiera el pasaje por mi mientras hablaba con Silvia.

-Tú dirás.- Le dije una vez a solas.

-Eso que viste esta mañana me sorprendió más a mí; nunca reacciono así y menos delante de mi Papá; Lo que quiero explicarte es que esta mañana no quise que te fueras sin que supieras que te quiero y que estoy enamorada de ti. Ahora ya lo sabes.

-Me has dejado sin habla, no solo porque yo siento lo mismo por ti sino porque pensé que ya no te vería de nuevo por otro largo tiempo, llegando a Matamoros me toca regresarme, aquí estaré pasado mañana y si Dios permite nos veremos entonces. ¿Te parece bien?

Está bien.- Me contesto al tiempo que extendía su mano para darme un sobre el cual tomé y puse en la bolsa de mi camisa.

Una vez más nos besamos y la vi alejarse solo que esta vez sabíamos que nos volveríamos a ver en un par de días.

-Creo que ya me lo atraparon Compadre.

-¿Usted cree?

-No hay más que verle la cara con la mente perdida, además no habla de otra cosa que no sea de ella.

-¿En dónde nos toca cenar?

- Técnicamente en Cuencamé, ¿porqué compadre?

-Porque quería cenar en Torreón con Papá pero ya sería muy tarde.

-Por mi si quiere quédese, así le platica todo con calma y lujo de detalles, estoy seguro de que le sorprenderá como a mí.

-¿Y usted como sabe que eso quiero hacer?

-Ay Compadrito le digo que se le nota.

-Tiene razón Compadre, me voy a quedar al fin que regresa en un par de días; pero si acaso lo llegan a mover me llama de inmediato.

-Descuide compadre que yo me las arreglo.

-Bueno váyase a dormir y lo despierto entrando a Gómez.

Esa noche no tuvimos oportunidad de platicar, mi hermana Claudia aun en la Escuela Normal tenía muchas cosas de que platicar y yo siempre disfrutaba de su conversación. Antes de acostarme recordé el sobre que me había entregado Silvia y al abrirlo contenía un crucifijo y una nota que decía:

> ### Querido "NENE"
>
> *Este Crucifijo ha estado conmigo desde mis quince años, hoy le he pedido que te acompañe y te proteja ya que él lo puede hacer mejor que yo, te lo presto con cariño y por favor nunca te lo quites.*
>
> *Tuya Silvia.*

Por la mañana después del almuerzo tuve una plática muy constructiva con mi Padre sin desatender la sastrería, misma que me llevo a entender mejor las cosas entre Silvia y yo. Esa Noche:

-¿Hola Silvia? Habla Luis Buenas noches.

-¿No me digas que ya estás en Durango?

-No; escucha, estoy en Torreón, decidí quedarme para platicar con Papá.

-¿Y se puede saber sobre qué?

-Después de lo que me ha pasado durante los últimos tres días contigo; ¿no esperarás que mi vida sea la misma o sí?- Luego de una pausa me contesto:

-No lo se; te repito que me salió muy natural y sobre todo nunca espere hacerlo delante de mi Papá.

-De eso quiero hablarte.- Aclare mi garganta y dije:

- Ni tu ni yo tenemos tiempo para largos romances, tu por tu negocio y yo por mi trabajo. Sé que en esto de las relaciones nadie acaba realmente de conocerse hasta que las parejas viven juntas, de mi primera experiencia aprendí lo que no debo hacer y creo que eso ya es una ventaja y aun cuando no tengo mucho que ofrecerte, lo único de valor seria una garantía de por vida contra la soledad, ¿Te parece bien?

-¿Y qué sugieres?

-Que te paces conmigo el resto de tu existencia.

-¿Me estas proponiendo matrimonio "NENE"?

-Eso mismo acabo de hacer. Hola, ¿Estás ahí? Hello.- A juzgar por el silencio parecía como si me hubiera colgado.

-Aquí estoy y la respuesta es: sí; me caso contigo.

-En ese caso, te dejo a ti los pormenores del evento y te llamo mañana para que me digas la reacción de tus Padres.

La boda fue muy sencilla y únicamente por el civil, por lo pronto viviríamos en Chihuahua, ella siempre quiso vivir en una ciudad grande y su cercanía a la frontera la convertía en el lugar perfecto, además su negocio tendría más potencial una vez que se diera a conocer, de vez en cuando y para que no se sintiera muy sola, nos visitaban sus padres o alguna de sus hermanas o hermanos.

Era sorprendente su habilidad para los negocios, en tan solo unos meses había convertido todo el frente de la casa en una tienda de regalos misma que no solo la hacía autosuficiente económicamente sino que al mismo tiempo y luego de enseñarme algunos secretos del oficio me hizo partícipe por mi facilidad de viajar por todas partes del país.

Hacia mucho que mi vida no alcanzaba un nivel de felicidad y tranquilidad como el que experimentaba en esos momentos.

El Terremoto de 1985

Eran las 7:19 de la mañana del 19 de Septiembre, de pronto el país entero se sacudió ante lo que veían nuestros ojos. Esa mañana fuimos testigos en vivo y en directo a través del televisor como todo el estudio del canal de las estrellas se sacudía por la fuerza de aquel temblor que escribió con páginas negras la historia la capital de nuestro país.

La señal se perdió por unos momentos, mi primer impulso fue comunicarme a la Central en un intento por localizar a mi compañero, lamentablemente fueron inútiles mis esfuerzos debido principalmente al exceso de tráfico en las líneas telefónicas. Solo me quedó esperar a recibir noticias de él. Sabía que en cualquier momento se comunicaría, desde un principio acordamos que no podría sacar corridas hacia el sur sin mí, de manera que ese día no salí por temor a que fuera a llamar y no encontrarme.

Mientras tanto el único medio de comunicación seguía siendo el televisor y a través de sus imágenes poco a poco tanto el pueblo mexicano como el mundo nos fuimos enterando de lo cuantioso de los daños. Con una magnitud de 8.5 grados en la escala de Richter y una duración de poco mas de 2 minutos, fue este el más fuerte sismo y de mas impacto de que se tenga memoria en cuanto a su destrucción. Su epicentro fue localizado frente a las costas de Michoacán donde desemboca el rio Balsas justo en los límites de Michoacán y Guerrero. Además del Valle de México, su impacto alcanzo los estados de: Colima, Jalisco, Michoacán y Guerrero. La energía liberada por el siniestro fue equivalente a 1,114 bombas atómicas de 20 Kilotones cada una. A este sismo le siguieron otros de menor intensidad destacando el del día siguiente a las 7:37 P. M. con una magnitud de 7.5 grados

Edificios que por décadas identificaron a la ciudad, muchos de ellos con historia propia, fueron reducidos a escombros con un elevado número de víctimas a juzgar por lo que estaba viendo.

Poco después del mediodía recibí la esperada llamada, "FILI" se encontraba en Cd. Juárez y extremadamente alterado me informaba que pasaría por mí esa noche con destino a la ciudad de México y que intentara a toda costa de comunicarme a su casa ya que a él le había resultado imposible, entendí su preocupación ya que vivía en las afueras de México muy cerca de la caseta de Tepotzlán, además casi toda su familia vivía en una de las colonias más afectadas, antes de colgar intenté tranquilizarle y me comprometí a no despegarme del teléfono hasta conseguir llamar a su casa.

Después de varios intentos logre comunicarme y su esposa me puso al tanto de la situación; afortunadamente todos estaban bien y con excepción de algunas cuarteaduras, la casa se encontraba en condiciones habitables lo mismo me dijo del resto de la familia. De inmediato llamé a "FILI" y una vez localizado en el taller, lo puse al tanto y le recordé la importancia de que se tranquilizara toda vez que era diabético y esa conducta no le ayudaba en nada.

Casi de inmediato regresé a la televisión en un intento por enterarme de la situación carretera, era importante saber si había puentes caídos o dañados y en general enterarme si no estaba interrumpido el paso a la ciudad de México.

Una vez más la mala planeación y la corrupción gubernamental cobraban un elevado número de víctimas inocentes ya que entre los edificios colapsados se encontraban escuelas, hospitales y toda clase de inmuebles públicos de construcción reciente, los cuales habían sido construidos con especificaciones inferiores a las estipuladas en los contratos. Los directivos de las empresas constructoras responsables de tales modificaciones quedaron impunes. El estadio de beisbol del Seguro Social se improviso para depositar e identificar los cientos y posteriormente miles cadáveres que se iban rescatando al los cuales se les puso hielo a los lados para retrasar su descomposición.

Entre los hospitales derrumbados de encontraban: el Hospital Juárez, el Hospital General y el Centro Médico Nacional donde se pudo rescatar a más de 2,000 víctimas entre personal y pacientes. Un caso que merece una mención especial fue el rescate de unos bebes del Hospital Juárez 7 días después aun con vida. A estos bebes se les conoce como: "Los Niños del Milagro"

Esa noche mientras aguardaba a que "FILI" llegara por mí, me entere por la Policía Federal de Caminos de que el paso se encontraba interrumpido hasta que se terminara de revisar la estructura de todos los puentes y que solo podríamos llegar a Querétaro de donde seriamos turnados a otro destino conforme a las necesidades del servicio, así se lo hice saber a "FILI" asegurándole que sin importar a donde nos mandaran él se iría a buscar a su familia mientras yo cubriría el servicio por los dos. Todo el camino fuimos pendientes del radio de banda civil como único medio de comunicación para mantenernos al tanto de cualquier noticia relacionada con nuestro destino. Al llegar a Querétaro ya se encontraba abierta la Autopista de manera que procedimos con las precauciones necesarias

Poco después de las 17:00 horas del día siguiente del temblor y en medio de la confusión ya que seguía temblando llegamos a lo que para entonces había sido declarado oficialmente zona de desastre, por momentos el tráfico se volvía muy lento debido principalmente a que los semáforos se encontraban fuera de servicio, el servicio eléctrico tardo semanas en restablecerse por completo.

Las fotografías y filmes sobre la segunda guerra mundial que alguna vez viera en mis textos de historia de Secundaria en donde se apreciaba un Londres desolado por las mortíferas bombas alemanas o un Berlín totalmente destruido después de la caída de Hitler, se quedaban cortas ante aquel espectáculo de destrucción y muerte. Sin embrago cabe mencionar que fue otro aspecto el que más llamó mi atención.

En medio de todo este dantesco panorama, por primera vez en mi vida fui testigo de ver un pueblo Mexicano unido, se hicieron a un lado la diferencia de clases, el dinero y las influencias en un esfuerzo desmedido por ayudar a sus hermanos en desgracia,.

Uno a uno unieron su fuerza, conocimientos y talento, obreros, estudiantes, profesionistas, etc. por una misma causa, inclusive grandes artistas como: Placido Domingo, Vicente Fernández, Lilia Prado, Talina Fernández, Rosenda Bernal, Pilar Pellicer, Columba

Domínguez y muchos más que escapan a mi memoria se entregaron prontos a la tarea de ayudar y no hablo de recorrer los albergues con un ejército de cámaras y micrófonos detrás de ellos, hablo de mezclarse entre la plebe a trabajar hombro a hombro, mano a mano entre los escombros removiendo piedras con sus propias manos en una desigual carrera contra el tiempo.

Por todas partes se organizaron cuadrillas de rescate, en una lucha desesperada por encontrar y rescatar víctimas, al mismo tiempo afuera de los inmuebles intactos, se regalaba agua y alimentos a los transeúntes y se improvisaban refugios en los patios para aquellos que lo necesitaran. Los vehículos particulares se acondicionaron para transportar heridos y muertos. Es asombrosa la capacidad humana cuando se hacen a un lado diferencias y se unen esfuerzos por una causa común.

Las autoridades brillaron por su ausencia, el mismo presidente De la Madrid tardó 3 días para dirigirse a la nación en un mensaje de menos de media hora y otros 3 darse cuenta de las dimensiones de la tragedia, fue por eso que la población civil tomo la iniciativa en donde se puso de manifiesto la unidad y la gran capacidad de liderazgo de los estudiantes de Medicina, Ingeniería y Ciencias.

Igualmente notable fue la aparición de la policía y el ejército quienes además de tarde se limitaron al resguardo de los edificios oficiales. A pesar de las constantes denuncias de saqueos y robos.

Estaba bañándome mientras que "FILI" se encargaba de lavar y cargar diesel porque salía para Cd. Guzmán esa noche, de pronto sentimos lo que fue el segundo temblor más fuerte de aquella pesadilla, el cual que me tomo por sorpresa y sentí bastante miedo ya que las regaderas se encontraban en el sótano de las instalaciones, nuevamente la imagen de mis hijos de apoderó de mi mente. A causa del sismo se fue la luz en todo el edificio, recordé que cargaba una linterna en mi maletín de baño y una vez que a tientas la encontré, me terminé de bañar temeroso de ser sorprendido de nuevo, casi al terminar de vestirme llego "FILI" quién desde afuera me gritaba con cierta desesperación:

-De perdida grita Cabrón que ya me tenías todo "paniqueado"

-Y cómo crees que estoy yo.- Le respondí casi arrastrando las palabras

Afortunadamente solo fue un gran susto.

Ya en camino "FILI" quien vivía a un lado de la autopista, se quedo en su casa para asistir a los suyos en espera de que a mi regreso le llamara yo, antes de bajarse le recordé que no se preocupara por su trabajo y que tomara su tiempo.

Todo el camino lleve en mi mente las imágenes de desolación y muerte que acababa de presenciar, aun yo tan acostumbrado a ver sangre por todos los accidentes que había presenciado, no estaba preparado para lo que vi esa tarde. Aquella fue una experiencia que vive dentro de mí hasta el día de hoy y aun cuando no sufrí ninguna pérdida ni daño personal, no pude evitar el derramar unas lágrimas por mis semejantes.

Entré a Cd. Guzmán con las primeras luces del Domingo, aquí y aunque en menor proporción también había dejado su huella, por todas partes se podían apreciar cuarteaduras en las paredes de las viviendas y edificios públicos, se registraron casi 50 muertes.

Una vez que descendió el pasaje y a punto de retirarme a descansar, se dejaron oír las campanas de la iglesia anunciando la primera misa del día, como la terminal se encontraba justo del lado opuesto de la plaza y por ser Domingo no tenía que mover el carro hasta después de las 9:00 A. M. decidí asistir de manera que cerré con llave y me fui para la iglesia. Era lo menos que podía hacer por todos aquellos que no fueron tan afortunados en el temblor.

Al salir de misa y después de desayunar, me fui a dormir ya que por la noche me tocaba regresar a México, sin embargo poco después del mediodía, me despertó un compañero quien desesperado me propuso cambiar de turno ya que vivía en México y no sabía de su familia, no me animé a compartir con él lo que había presenciado el día anterior por no preocuparle más, acepté con gusto y una hora después iba camino a Guadalajara, después de todo era poco lo que yo podía hacer en México.

Regrese una semana después y ya se apreciaba más control y organización aunque este seguía en manos de la población civil ya que las autoridades estaban más ocupadas tratando de determinar quien tenía más autoridad; el ejército o la policía, en lugar de ayudar solo estorbaban.

De vez en cuando nos invadía un fétido y penetrante olor producto de los cadáveres que sin ser descubiertos aun, estaban ya en proceso de descomposición.

Muchos países enviaron ayuda a México, entre la que se encontraban: víveres, ropa, equipos y material de primeros auxilios, casas de campaña con capacidad para albergar hasta 50 o más personas, equipos de supervivencia, potabilizadores de agua y diversos materiales más. Versiones extraoficiales indican que la mayor parte de dicha ayuda fue acaparada por miembros del gobierno, triste y vergonzosamente nunca llego a su destino ni cumplió con su objetivo.

Por los periódicos me enteré de que un avión de Caritas International sobrevoló el espacio aéreo de la ciudad durante horas porque no se le daba autorización para aterrizar. Hubo de intervenir la Primera dama quién personalmente dio la orden para que dicho avión pudiera aterrizar con su valiosa carga de medicamentos, cobertores y agua embotellada.

A raíz del sismo se creó la agrupación civil "**Brigada de Rescate Topos Tlatelolco**", con el paso de los años, la labor de estos rescatistas Mexicanos ha dejado profunda huella a nivel internacional llegando en la actualidad a participar en las labores de rescate del Terremoto del Océano Índico de 2004, fenómeno que generó una ola gigante conocida como tsunami y el Terremoto de Haití de 2010, poniendo con su heroísmo el nombre de México muy en alto.

En un principio se hablo de entre cuatro y seis mil muertos según datos del Gobierno Federal; mas yo, que viví en la ciudad y estuve ahí un día después de la tragedia, le puedo decir amigo lector que las victimas rebasaron los quince mil. El servicio telefónico no se restableció en su totalidad hasta Marzo de 1986, para entonces aun seguían apareciendo cuerpos en algunas ruinas de la ciudad.

El terremoto de Septiembre de 1985 dejo una huella profunda en el corazón de toda la población y de esa experiencia todos aprendimos algo que nos haría mejores seres humanos, mejores padres de familia, mejores vecinos pero sobre todo mejores Mexicanos.

Hoy día, luce y reluce majestuosa y más llena de vida que nunca, tal como la describiera ese gran poeta lagunero y cronista de la ciudad, Don Salvador Novo o aquel famoso compositor Guadalupe Trigo. Una vez más para orgullo de los mexicanos brilla mundialmente y gracias a su gente "LA CIUDAD DE LOS PALACIOS

"El Huracán del Siglo XX"

8:00 hrs. Torreón-Monterrey

La mañana de aquel 17 de Septiembre de 1988, salí de la casa temprano, siempre que iba a Torreón, dormía en casa de Papá. Su imagen diciendo adiós con la mano y el hecho de que permanecía ahí de pie hasta que me perdía de vista, son cosas que vivirán en mi memoria para siempre. No tenía idea del día que estaba delante de mí.

Tres horas después llegábamos a Saltillo sin contratiempo alguno, al checar en la oficina se me advirtió que camino a Monterrey encontraría lluvia constante a causa del huracán "Gilberto" que ya había dejado su destructora y mortal huella en Jamaica y las Islas Caimán en donde por su intensidad se le dio la categoría 5 de la escala Saffir-Simpson, la máxima en ese entonces con vientos de hasta 297 K/hr.

La noche del 16 de Septiembre, llegó a la península de Yucatán se mantuvo por encima de la categoría 3 y ya se hablaba de cuantiosos daños, las cálidas aguas del Golfo de México sirvieron de combustible para alimentar su intensidad convirtiéndolo una vez más en categoría 5, el primero en la historia en tocar tierra a la altura de La Pesca, Tamaulipas donde provoco inundaciones y daños cuantiosos sobre todo a la Agricultura y Ganadería.

Ya en la autopista, empezó a llover con vientos que de pronto rebasaban los 50 km/hr de manera que reduje la velocidad y tomé mis precauciones.

Sin problemas y con solo unos minutos de retraso llegamos a Monterrey donde al reportarme se me turno para las 3 de la tarde a Reynosa, como solo faltaban tres horas para mi salida y el pasaje esa mañana había sido bastante limpio, decidí no llevar en carro a lavar y buscarme un buen lugar donde comer.

A mi regreso escuche por el sonido de la Central que me llamaban de la taquilla, una vez ahí me informaron que todas las corridas se cancelaban debido al mal tiempo y hasta nuevo aviso.

Decidí pagarle una visita a mis tíos "Petrita" (hermana de mamá) y "Prisi" (su esposo) dos viejitos muy lindos y a su familia; me fui a su casa la cual no estaba muy lejos de la Central en una colonia frente a lo que alguna vez fue la Fundidora de Fierro y Acero de Monterrey, empresa en la cual trabajó mi tío casi toda su vida.

Después de la cena charlamos un poco, la intensidad de la lluvia por momentos de volvía incontrolable y los vientos eran tan fuertes que con lo angosto de la calle daba la impresión de que las puertas cederían en cualquier momento. Llego le hora de irme a dormir así que me despedí y diciéndoles que dormiría en el camarote me retire.

Como no tenía sueño, encendí el televisor de que había instalado del lado de los pies; al estar buscando una señal que me diera la mejor imagen no podía creer lo que mis ojos estaban viendo.

En la pantalla se distinguían claramente tres autobuses de distintas empresas que se encontraban varados en medio del rio Santa Catarina que atraviesa la ciudad con el nivel del agua a la altura de las ventanillas, sobre sus techos el pasaje; hombres, mujeres y niños desesperados alzaban los brazos en señal de auxilio. Me impresione tanto que empecé a llorar de impotencia y a pedirle a Dios por ellos.

De pronto apareció en la pantalla una pala hidráulica de las grandes como con las que se cargan los camiones de materiales como grava, arena, tierra, etc. Su temerario operador incursionó en las turbulentas aguas del rio y lentamente se fue acercando a un costado de uno de los autobuses, los pasajeros se empujaban y aventaban, en un esfuerzo desesperado por subirse a la cuchara del tractor, los más débiles cayeron impotentes y se perdieron en las frías aguas del rio.

Poco a poco y muy lentamente se repitió esta acción, el nivel del agua seguía subiendo y para entonces ya cubría totalmente las ventanillas de los malogrados autobuses, se podía apreciar que aquel héroe anónimo sabía lo que estaba haciendo ya que se las ingenió para calmar al resto de los atrapados y en ningún momento titubeo, sus movimientos eran lentos pero precisos a pesar de que se notaba muy claro que no le era fácil controlar su tractor entre las rápidas corrientes.

No recuerdo cuantas veces desafió este hombre las caudalosas y asesinas aguas del rio pero casi para terminar, se metió una vez más, cargó lo que parecían ser las últimas víctimas y al iniciar su marcha de regreso algo provocó que el tractor se ladeara y finalmente tanto él como su preciada carga sucumbieron ante las turbulentas aguas, ninguno de los operadores de los autobuses se encontraba entre los rescatados.

Nunca supe quién fue aquel valiente operador al volante de la máquina pesada, quien a costa de su propia vida salvó casi a todos aquellos pasajeros indefensos.

AL HEROE ANONIMO

Nunca supe tu nombre pero poco importa, tus acciones han sido desde entonces un ejemplo a seguir para este servidor, todavía se me hace un nudo en la garganta cada vez que por alguna razón menciono esta historia.

Por siempre vivirás en la memoria de aquellos a quienes rescataste aun a costa de tu propia vida, tus familiares y amigos.

Estarán siempre muy orgullosos de ti.

En nombre de todos aquellos que sobrevivieron gracias a tu valentía:

"Gracias eternamente"

"Gilberto" continuó hacia el norte internándose en los Estados Unidos para degradarse a tormenta tropical y posteriormente en depresión desvaneciéndose en Oklahoma, no sin antes provocar 29 tornados en Texas con los consabidos daños que provoca un fenómeno de esta naturaleza.

A la mañana siguiente, los fuertes vientos habían cedido y solo quedaba una ligera lluvia, después del almuerzo me invito mi primo a visitar las instalaciones de lo que pronto sería su nueva oficina y taller, accedí pero les propuse que nos lleváramos el autobús para llevar a mis tíos y convertir la visita en un paseo familiar. Todos estuvieron de acuerdo y en media hora íbamos en camino.

Al cruzar el puente del rio Santa Catarina que divide a la ciudad de Monterrey con el municipio de Guadalupe, una vez más nos invadió el asombro, nunca antes en mi vida había visto el rio tan lleno, sus acaudaladas aguas reventaban contra los pilares del puente arrastrando todo lo que había a su paso, de vez en cuando alcanzábamos a distinguir uno que otro torso de algún pobre infortunado que sucumbiera ante las voraces corrientes del mencionado rio que también arrastraba vehículos, muebles, troncos de árboles. Etc.

A causa del fenómeno mencionado, la ciudad quedo incomunicada por varios días de manera que me quede dos días más, tiempo durante el cual y en compañía de algunos compañeros, nos dedicamos a repartir cobertores y agua potable en las colonias más afectadas en coordinación con el ejército y los bomberos. Reactivadas las carreteras, me turnaron para Tampico.

Esa noche al salir, dejé tras de mí una ciudad devastada y con incalculables daños además de miles de víctimas y familias enteras sin hogar, las cicatrices que dejó el huracán "Gilberto" a la población regiomontana fueron de esas que tardan muchos años en sanar, los primeros reportes mencionaron daños superiores a los 5 mil millones de dólares más las cifras finales hablan de casi 10 billones de aquellos dólares de antes de Salinas entre los 10 países que visitó.

Por su efecto tan destructor y mortal, "Gilberto" es conocido en México como el Huracán del siglo XX y en Cuba como: El huracán asesino.

Me confortaba el saber que gracias a su gente ya famosa por ser trabajadora, tenaz y de gran calidad humana, muy pronto resurgiría para reclamar su lugar como una de las mejores ciudades industriales del mundo y no me equivoqué. Meses después Monterrey volvió a ser y con más ímpetu lo que siempre ha sido: *"LA SULTANA DEL NORTE"*

Estimulantes para no dormir

No se puede hablar de la vida en la carretera sin mencionar que una gran mayoría de los que nos ganamos la vida detrás del volante hayamos tenido que recurrir a alguna forma de estimulante para ahuyentar el sueño. Cuando vienen a mi memoria aquellos viajes desde México hasta Cd. Juárez sin la ayuda del compañero reafirmo el hecho de que tiene que haberme gustado mucho mi trabajo de otra manera no se podría explicar tal resistencia y por tantos años.

Esto sucede en todas las diferentes categorías del oficio, desde la carga ligera, hasta los tracto camiones de doble remolque; Pienso que esto se debe principalmente a que no existe una ley que permita ganar un salario digno sin necesidad de tener que trabajar tantas horas, esto obliga a cualquiera a tener que forzar el organismo a limites por encima de lo humana mente posible.

Para lograr que nuestro sistema aguantara esas largas noches sin dormir recurríamos a una gran variedad de estimulantes tales como pastillas, vitaminas, mariguana, hasta cocaína para aquellos que la podían comprar.

El problema de las substancias prohibidas, consiste en que no solo son adictivas sino que una vez terminado el viaje, nos sobraba cuerda y no podíamos dormir, para cortarse el efecto algunos tomaban cerveza, total que no era muy recomendable.

De inmediato me di cuenta de que eso no era para mí siempre he sido muy cauto cuando se trata de mi organismo y lo que pongo dentro de él, me confeccioné mi propio sistema para ahuyentar el sueño.

Además de una buena dieta, tomaba vitaminas de manera regular y cuando me tocaba trabajar solo, no comía nada pesado y me acompañaba de: café, Coca Cola, chicles, cigarros y sobre todo buena música. Todos estos estimulantes con excepción de la buena música, dejaron de ser parte de mi vida el día que tuve que dejar el volante, hoy día el solo estar al lado de una persona que esta fumando me provoca nausea y el café esta reducido a una taza por las mañanas.

Otro problema que desarrollé fue que al menos para mí era muy difícil conciliar el sueño cuando me tocaba descansar en el camarote, la mayoría del tiempo solo dormitaba. Si tomamos en cuenta que el dormitorio estaba localizado directamente arriba del motor y a un lado del sanitario, podrán entender mi frustración. Como esto me pasaba muy seguido, me refugie en la lectura y fue así que mientras lograba conciliar el sueño, me entretenía leyendo a: Garcia Márquez, Tom Clancy, Jeffrey Archer, Luis Spota, Carlos Fuentes, Juan Rulfo y Elena Poniatouska entre otros autores. Algunos de mis compañeros me llegaron a calificar como: un tipo raro porque le gusta leer libros de puras letras.

El precio por tantos años de desvelos y una alimentación irregular lo estoy pagando hoy. Con el tiempo desarrolle hipertensión arterial, altos niveles de colesterol, sobre peso, vista cansada y lo peor Apnea del sueño, una enfermedad que me impide alcanzar un razonable nivel de sueño profundo y por consecuencia no descanso bien por la noche, en el día y sin sentir me quedo dormido, esto a veces puede resultar muy vergonzoso.

Uno de los altos riesgos de tomar estimulantes prohibidos, según la medicina occidental consiste en que tarde o temprano el organismo se agota y el cerebro que es el que nos mantiene despiertos, entra en una especie de letargo que antecede al sueño y todo esto sin que nos demos cuenta. ¿Cuántas veces ha leído o visto en el televisor o ha sabido de algún accidente y al final de la nota la causa del accidente resulto ser que el operador se quedo dormido? No se alarme, las estadísticas no las hago yo.

Es tiempo de implementar una regulación del transporte más realista y que prevenga todo este tipo de males necesarios, con chequeos médicos más estrictos en las carreteras sobre todo por la noche que es cuando nadie parece preocuparse por la seguridad en las carreteras, pero más que nada; Con salarios dignos.

La gran mayoría de aquellos que no respetaron su organismo y se valieron de substancias más fuertes, hoy están en peores condiciones que yo y algunos aun cuando eran menores que yo, ya no están entre nosotros.

El valor de la experiencia

En cierta ocasión viajaba de pasajero después de unos días de descanso debido a que la unidad estuvo en el taller por reparaciones, me toco viajar con "Don Chuy" uno de los pioneros de la empresa. Esto lo disfrutaba en particular porque estos compañeros eran una fuente inagotable de anécdotas que me nutrían al escucharles hablar de las unidades antiguas, los caminos de antaño o personajes famosos de sus tiempos siempre convertía mis viajes con ellos en una experiencia llena de información.

Con "Don Chuy" detrás del volante y un servidor de pie en el estribo platicábamos amenamente, cuando de pronto al salir de una curva casi frente a nosotros había una manada de caballos sobre la carretera. En cuestión de segundos y sin darme tiempo de hacer o decir nada, pasamos por entre la manada sin tocar uno solo.

-Caray "Don Jesús" no cabe duda que la experiencia cuenta más que la buena suerte.- Le dije admirando la sangre fría con la que manejo la situación.

-¿A qué te refieres?- Me preguntó.

-¿Le parece poco? Más de una docena de caballos sobre la carpeta asfáltica y usted les pasó por el único hueco que le dejaron sin rosar uno solo.- Volteo a verme y me señalo que me acercara para que nadie oyera lo que me quería decir:

-¿Cuales caballos?- De inmediato me despedí de él y me fui a sentar.

Hasta elefantes veo ya.

Aquella fría mañana de febrero, llegamos a México después de una larga gira que nos había tomado más de dos semanas sin bajar a la capital. Uno de los grandes problemas de la economía Mexicana de aquella época había sido la centralización, todo tipo de operación pública o privada tenía lugar en la ciudad de México, debido a este sistema, las oficinas generales de la empresa en donde trabajaba se encontraban en la ciudad de México y consecuentemente cada vez que necesitábamos cobrar nuestro sueldo teníamos forzosamente que ir para allá.

El mayor número de llegadas se registraba entre las 5 y las 10 de la mañana, a causa de esto y desde las primeras horas el departamento de liquidación se veía invadido de operadores tratando de cobrar su sueldo.

Como el proceso tardaba algunos minutos dependiendo de cuantos viajes se tenían que tabular, se improvisaba una especie de tertulia en ocasiones amena y en algunas otras triste o seria dependiendo del estado de ánimo de quienes ahí nos encontrábamos.

Ese día llegó "La Pachuca" veterano compañero de gran sentido del humor a la vez que muy bromista, como era uno de los pocos socio/operadores que había en la empresa, a pesar de ser tan alegre siempre andaba solo y consecuentemente más cansado que el resto de nosotros.

En esa ocasión portaba una cara tan seria que más bien parecía de susto; de inmediato nos extraño a todos, al preguntar el motivo de su seriedad respondió con una voz igualmente seria:

-No vuelvo a tragar esas pendejadas.

– ¿De qué hablas?- le preguntamos.

-Esas mendigas pastillas para no dormir. Explícate le preguntamos:

-¡Figúrense que ya hasta elefantes veo sobre la carretera!

-¿Qué quieres decir?- Antes de permitirle responder otro colega agrego:

-¿Ya andas fumando otra vez de esa maldita yerba?

-Es en serio, les juro que lo vi con estos ojos.- Contesto con la angustia reflejada en el rostro:

-Que se muera mi suegra si les estoy mintiendo- Al oír esto estallamos en una carcajada que hizo que nos llamaran la atención.

-¿Y en donde se supone que viste al animalito ese?- Le pregunto "El Santanero" (otro operador de los veteranos). Justo cuando estaba a punto de decirnos la ubicación de su encuentro con el paquidermo en cuestión, entro la "Violetera" y nos pregunto a todos:

-¿SE FIJARON EL TRAILER DEL CIRCO QUE SE VOLTEO EN LA CUESTA DE RIO GRANDE?

La inseguridad en las carreteras

Es igualmente difícil hablar de este tema sin mencionar a nuestro gobierno ya que la situación económica de cualquier país está directamente ligada al los índices de delincuencia esto es natural toda vez que al reducirse las oportunidades de empleo la tensión en el núcleo familiar se torna cada vez más grande con lo cual prácticamente se obliga a los miembros más adultos y en ocasiones hasta a los menores a delinquir para poder satisfacer las necesidades primordiales de la familia.

No se puede devaluar la moneda de un país hasta tres veces en un año sin que surjan gradualmente este tipo de enfermedades sociales. Mientras el pueblo tenga hambre, de alguna manera se tiene que alimentar.

Una mañana llegamos a la ciudad de México y nos encontramos con la noticia de que "LA CHANGA" uno de nuestros compañeros acababa de ser cobardemente asesinado al resistirse a ser asaltado; sin contar aun con los pormenores del incidente, no pude evitar derramar una lagrima de coraje e impotencia por el compañero caído.

Apenas un par de semanas antes habíamos comentado "FILI" y yo después de haber presenciado un asalto a un camión urbano en Monterrey y ambos llegamos a la conclusión de que no pasaría mucho tiempo antes de que esa ola de asaltos invadiera al transporte foráneo.

19:00 Durango-Cd. Juárez

Esa noche salimos completos, la corrida era por Parral de manera que nos tocaba cenar en un pueblito llamado Rodeo todavía en el estado de Durango. Después de cenar y una vez que nos aseguramos de que no faltara ningún pasajero reanudamos el viaje, como era fin de mes, me tocaba manejar hasta Chihuahua ya que como vivía ahí me bajaría a descansar unos días antes de bajar de nuevo a la ciudad de México; "FILI" seguiría hasta Cd. Juárez y trataría de hacer un par de corridas locales para darme tiempo.

Este tramo en particular era muy tranquilo ya que carecía de mucho tráfico inclusive de día. A la altura del poblado La Resolana, Dgo. Noté que un pasajero se levantó y se vino al frente, cuando estaba a un lado mío, sentí que me presionaba con algo a la altura de mis costillas, era el cañón de una pistola y al mismo tiempo gritaba:

- "Esto es un asalto"- Me ordeno que me saliera del camino y prendiera las luces interiores y apagara el motor. Una vez estacionado y con el freno de emergencia puesto, su voz se volvió gritos y amenazas tales como:

-El que se quiera pasar de listo se muere.

-No le hagan al pendejo porque los agujero.- Al tiempo que nos mostraba la pistola a manera de amago y para que todo el pasaje lo escuchara.

Por el espejo noté como otro individuo amagaba a "FILI", de inmediato me preocupó debido a su condición de diabético, afuera del lado de la puerta note que ya se estacionaba una camioneta de la cual descendía otro rufián quien de inmediato se dio a la tarea de abrir las cajuelas para transferir el equipaje y la paquetería al mencionado vehículo.

Como se me ordenó que no quitara las manos del volante permanecí quieto y lo único que podía mover eran los ojos, fue así que me di cuenta que ya procedían a recoger las carteras, bolsas de mujer y alhajas, relojes y todo articulo personal de los pasajeros. De pronto escuchamos:

-Te dije que no le hicieras al vivo "Cabrón". Le grito el rufián de atrás a un pasajero que trataba de esconder algo entre sus piernas a la vez que le golpeaba la cabeza con la cacha de su pistola; mientras el de adelante le gritaba:

-¡Ya déjalo "Negro"; mejor apúrate!

Las mujeres eran ultrajadas física mente en sus partes íntimas con el pretexto de asegurarse que no escondieran nada en las mismas y a dos de ellas las amenazaron con llevárselas si no accedían a sus demandas.

Por último hicieron una cadena entre ellos y algunos pasajeros, para descargar todos los bultos y maletas pequeñas que venían en el portabultos. Tanto a "FLILI" como a mí nos mantuvieron al margen y se nos respetó nuestra integridad y pertenencias. Antes de huir se aseguraron de que no pudiéramos movernos al menos por un buen rato ya que cortaron la manguera principal de alimentación de Diesel.

Una vez que me aseguré de que el peligro había pasado, se desato una crisis de histeria colectiva entre la mayoría de los pasajeros donde hubo gritos, llantos y hasta discusiones entre ellos mismos, en un intento por calmarlos les mencioné que nosotros tampoco habíamos pasado por una experiencia como esa y que a esa hora sería imposible encontrar autoridad alguna en donde poder denunciar los hechos. Nos tomo casi una hora cambiar la manguera, asombrosamente no pasó ningún vehículo durante todo ese tiempo, terminado esto continuamos él viaje.

Al llegar a Parral, intenté hacer un reporte con el jefe de la oficina pero éste no se encontraba disponible de manera que nada se pudo hacer ya que los hechos tuvieron lugar en el estado de Durango y en un Sábado por la noche; otra ventaja para los ladrones.

Por la terminología que usaron era evidente que los autores del atraco estaban familiarizados con el transporte de pasajeros ya que hasta sabían en donde localizar el freno de emergencia y como abrir las cajuelas. Los daños fueron cuantiosos pero nunca estimados; la experiencia sin embargo fue tan impactante que no importa que tan bien se los describí no se compara en nada al hecho de haber estado ahí.

Sin hablar mucho y en aproximadamente 15 o 20 minutos fuimos víctimas de uno de los crímenes más perfectos que aparecieron en México en aquella época y que lamentablemente llegaron para quedarse debido al gran número de gente que utiliza este tipo de transporte y a la facilidad con que resulta escapar después de perpetrarlo gracias en gran parte a que México cuenta con una inmensa red de caminos vecinales a lo largo y ancho de nuestras carreteras, lo cual facilita la fuga de los que se dedican a este lucrativo delito.

Radio Banda Civil

Un invento que vino a revolucionar a la industria del transporte fue sin duda el radio de banda civil (Radio que permitía la comunicación entre dos o más vehículos), aparato de gran utilidad en el camino sobre todo en México donde todavía en los 80's contábamos con carreteras tercermundistas y llenas de peligros como el ganado, puentes angostos, vehículos sobre la carpeta asfáltica sin el señalamiento adecuado, accidentes etc. En fin que dándole un uso adecuado, es hasta la fecha una de las más valiosas herramientas de aquellos que nos ganamos la vida en el camino.

Sin embargo y haciendo gala de nuestra fama, no pasó mucho tiempo antes de que conductores sin escrúpulos se apoderaran de la frecuencia haciendo uso del mismo para proferir toda clase de improperios y vulgaridades.

Tratar de poner orden a lo que parecía más bien un dialogo de burdel o cantina de tercera clase que una conversación entre conductores profesionales era un verdadero reto, cada vez que esto pasaba me avergonzaba de pertenecer a este gremio tan digno y a la vez tan vulnerable a la critica por culpa de unos cuantos.

El uso indebido de tan valioso aparato por fin tubo sus consecuencias en la empresa, durante una corrida nocturna de Aguascalientes a México en la cual viajaba como pasajero uno de los socios de más peso en la empresa, escuchó casi durante todo el viaje no solo un capitulo de lo que acabo de describir sino que al pretender que el operador apagara su radio o por lo menos bajara el volumen, no solo no lo consiguió sino que el operador le ordeno de la manera mas grosera que cerrara la boca y se sentara.

Al llegar a México, el operador fue despedido e inmediatamente y se giró una orden mediante la cual se prohibía el uso de radios de banda civil, a pesar de nuestras explicaciones y protestas no conseguimos que quedara sin efecto.

Tuve que echar mano del ingenio y para solucionar este inconveniente, me fui a El Paso, Tx. y en una tienda especializada en radio comunicación, encontré un radio AM. FM. CB. y Toca cintas, mismo que a simple vista parecía un Radio común, las antenas gemelas fueron substituidas por una sola de más alcance la cual se instaló en donde normalmente se instala la del radio.

Con unos audífonos para no molestar al pasaje y un micrófono integrado para no descuidar el volante. De este modo disfrazamos el Radio y al mismo tiempo acatamos esta disposición, ahora lo único que teníamos que hacer era desconectar y guardar los audífonos cada vez que llegábamos al taller o a cualquier terminal y por ningún motivo permitir que nadie se diera cuenta de nuestro sistema de comunicación. La inversión resulto un poco cara pero la primera vez que me previnieron de un accidente, se justifico con creces.

El radio de banda civil pudo tener una gama de usos en el transporte de pasajeros simplemente en las taquillas de cada terminal uno de estos radios pudo recibir la información básica de cada corrida (número de unidad, destino y disponibilidad de asientos), antes de que la unidad arribara y tener los boletos vendidos y el pasaje esperando en los andenes y listo para abordar con un considerable ahorro de tiempo y molestias para el pasaje. Es una verdadera lástima que por culpa de unos cuantos operadores sin escrúpulos se nos haya privado de tan útil artefacto.

La carambola de Polotitlan

Aquella fría mañana de enero me dirigía a la ciudad de México eran las 4:00 A. M. mas o menos y aun cuando venía de un viaje corto (Guadalajara-México) me empezaba a sentir cansado a pesar de la entretenida programación de la radio; mi compañero "Fili", me esperaba al llegar después de un merecido descanso y el pensar en eso me daba ánimos de alguna manera para llegar.

Desde la caseta de cobro en Irapuato veníamos varios carros en convoy esta práctica era muy común entre los operadores para incrementar la seguridad ya que de antemano se nos advirtió extremar la precaución ya que era la temporada de niebla, misma que se extendía en ocasiones desde la cuesta de Escobedo hasta llegar al Valle de México.

El pronóstico sobre la niebla no estaba nada errado, al pasar por la caseta de Palmillas, era tan espesa la niebla que la visibilidad se redujo a menos de 100 metros aproximadamente y de inmediato reducimos la velocidad a 35 Km/h. y a la vez procedimos a ampliar la distancia entre uno y otro.

Poco antes de llegar a Polotitlan, escuché por el radio de Banda Civil que kilómetros adelante había un accidente en el cual estaban involucrados varios vehículos algunos de ellos de fatales consecuencias. De inmediato le di la señal de peligro y alto de emergencia con las luces a mis compañeros detrás de mí a la vez que busque un lugar seguro para salirme de la autopista y hacer alto total; esta acción nos sirvió para no ser parte de la gran carambola de vehículos que ya para entonces era de fatales dimensiones. Como el carro delante de mi no se orillo por falta de espacio ya que se encontraban dos vehículos medianos sobre esa parte de la carretera esto sirvió para que los carros detrás de mí se dieran cuenta del peligro, una vez fuera de la carpeta, frené justo un par de metros detrás de él sin dejar de hacer mis señales de peligro esperando que los demás se detuvieran con tiempo.

Instantes después se escuchaban dos impactos de vehículos detrás de nosotros que probablemente no venían tan cautos y un poco más veloces, por el grado de peligrosidad y la hora que era, decidí no dejar la unidad desprotegida y quedarme dentro, después de todo no sabíamos que tan grave y estaba la situación y en accidentes como este, salir a aventurar sin contar con suficiente iluminación puede resultar fatal, una cosa era segura, el rechinar de llantas y estrellar de vidrios seguía escuchándose y nosotros ya estábamos a salvo sin embargo me acorde de los autobuses que venían detrás de mi así en que tome mi linterna de mano y me dispuse a echar un vistazo en esa dirección no sin antes recomendar a todo el pasaje que permaneciera dentro de la unidad por su seguridad.

Una vez afuera, la visibilidad era mínima, poco menos de 50 metros, las tres unidades restantes del convoy estaban intactas, no así los autos que les sucedían, lamentablemente poco se podía hacer por sus ocupantes, no había sobrevivientes de manera que sugerí que cada quien regresara a su unidad y esperara a que la niebla se desvaneciera para poder continuar, el resto de mis compañeros estuvo de acuerdo y así se hizo.

Pasadas las 6:00 A. M. empezó a amanecer y con el alba se dejaron escuchar las primeras ambulancias, como no aclaraba totalmente y la visibilidad continuaba siendo mínima, decidimos un compañero al que apodábamos "Tin Tan" por su parecido al gran cómico y yo salir a tratar de prestar auxilio pero poco se pudo hacer, ya la Policía Federal de Caminos dirigía las labores de rescate y se nos ordeno permanecer en nuestros vehículos, por el altoparlante nos avisaron que ya pronto se abriría el paso para poder continuar nuestro viaje.

Casi una hora después y todavía con niebla, pudimos reanudar el viaje, abriéndonos paso entre toda clase de vehículos irreconociblemente dañados y fierros retorcidos algunas imágenes en verdad impactantes, al centro de la autopista, se alineaban los cuerpos de las victimas cubiertos con lo que se encontró a la mano.

La prensa menciono un total de 44 los vehículos involucrados en esta magna tragedia, pero yo que estuve ahí les puedo decir que fueron muchos más y ni que decir de las víctimas, tan solo en los autobuses involucrados calculo que fueron más de cien. Estoy seguro de que esa madrugada pudo muy bien haber sido mi última de no haber traído encendido mi radio de Banda Civil.

Chihuahua-Mazatlán (Especial.-

Ese verano y como premio a su graduación, los estudiantes del CEBETIS organizaron un viaje a Mazatlán con una duración de 7 días y 5 noches, con excepción de los alimentos, el paquete tenía todo incluido.

Este viaje para nosotros representaba algo así como un respiro en medio de la temporada de más trabajo del año ya que tendríamos 5 días sin hacer nada más que descansar antes de tener que reintegrarnos al ir y venir normal de nuestro trabajo. Esa tarde salimos con rumbo al bello puerto del pacifico, para ese entonces ya la unidad contaba con dos aparatos de televisión los cuales ayudaban a distraer al pasaje especialmente tratándose de adolecentes.

Después de la cena me fui a tratar de dormir un poco ya que me correspondía manejar el tramo más pesado de la sierra, mejor conocido como: El espinazo del Diablo, famoso no por su peligrosidad sino mas bien por lo abundante y cerrado de sus curvas, hoy día está por terminarse una autopista nueva que reducirá el tiempo de manejo a 3 horas y media.

Arrivamos sin contratiempos y una vez registrados en el hotel, nos fuimos a arreglar el carro, por costumbre nunca nos íbamos a descansar hasta dejarlo listo para la próxima salida esto también incluía llenar el tanque de diesel.

La madrugada de la segunda noche sonó el teléfono:

-Disculpe que lo moleste: ¿Es usted el operador del grupo de estudiantes de+ Chihuahua?

-¡A sus ordenes! Le respondí tratando de despertar por completo.

-Le llamamos del Hospital Central porque tenemos a dos miembros de su grupo severamente golpeados y necesitamos su colaboración.

-Vamos inmediatamente para allá.- Respondí al tiempo que colgaba el teléfono y movía a mi compadre con el ánimo de despertarle.

-Aliviánese compadre que hay un problema con dos pasajeros.

Mientras nos vestíamos le fui poniendo al tanto y antes de bajar, llamé a la administración para que nos pidieran un taxi.

Se nos informo que dos chicas del grupo habían sido agredidas por sus parejas de baile, como eran casi las tres de la mañana y ellas solo mencionaron el nombre del hotel y el recepcionista desconocía quién era el encargado del grupo, se nos despertó a nosotros.

Decidimos ir al hospital a ver que podíamos hacer, una vez ahí, nos enteramos de los pormenores. En efecto, dos de nuestros pasajeros habían resultado salvajemente golpeados por sus acompañantes de juerga al enterarse de que no eran las atractivas damas con quienes iniciaran tórrido romance unas horas antes, sino un par de jóvenes vestidos de mujer.

Al terminar el baile y por invitación de los agresores, se fueron al hotel donde estos se encontraban hospedados. Una vez ahí continuaron las copas y la diversión, hasta que en algún momento se enteraron de que las damas venían con accesorios extras desatando la ira de quienes se sintieron engañados y consecuentemente decidieron hacer justicia por sí mismos.

Uno de ellos, el más afectado tenía la mandíbula fracturada así como golpes contusos en la cara y el cuerpo mientras que al otro le faltaban los dientes del frente y a su vez mostraba hematomas por todo el cuerpo. Como aun estaban sedados no pudimos hablar con ellos hasta más tarde, nos retirábamos a seguir descansando

cuando un doctor nos pidió de favor que notificáramos a los padres
lo cual hicimos al llegar al hotel, casi amanecía y nos detuvimos a
desayunar camino al hotel.

Regresamos al hospital poco antes de las 12 del mediodía, para
entonces ya se había pasado el efecto de la anestesia y pudimos
conversar con ellos. Resultaron ser hijo y sobrino respectivamente
de un conocido y popular presidente Municipal, mientras que los
responsables de la salvaje golpiza a su vez también eran hijos de un
prominente diputado federal en su estado de origen.

Como nuestra labor en este viaje estaba limitada al transporte de
los estudiantes y por no tener ninguna autoridad sobre los mismos,
era poco lo que podíamos hacer por ellos, sin embargo les hicimos
saber que estábamos a sus órdenes y posteriormente nos retiramos
del hospital.

El viaje de regreso lo hicimos sin ellos ya que no fueron dados
de alta hasta semanas después. Nunca supimos que final tubo
esta historia, quiero pensar que debido al peso político de ambos
personajes en sus respectivos estados, decidieron barrer este
incidente y ocultarlo debajo de sus respectivas alfombras, meses
después estábamos a punto de salir de León, cuando recibí una
llamada de una de las Madres de los agredidos para darme las
gracias por las atenciones que habíamos tenido con su hijo y
sobrino respectivamente.

22:15 México-Ojinaga

Como lo mencioné antes, la época navideña era para nosotros la de
más trabajo; Ese año no iba a ser la excepción, salimos completos
y el primer pasajero bajaba hasta Zacatecas, de manera que
ganaríamos un poco de tiempo ya que no tendríamos que checar en
Querétaro y San Luis Potosí.

Como ya solo faltaba una semana para Navidad, mi compadre "Cornelio" quien iba al lado mío se afanaba en describirme los regalos que había comprado para a mi ahijada y mi comadre ya que le tocaría pasar tan importante fecha en casa. Al llegar a la caseta de cobro de Tepotzotlán, la patrulla Federal de caminos me marco el alto; luego de mirarnos mutuamente, dijo mi Compadre:

-Déjeme a mi compadre han de querer su regalo de Navidad-

Minutos después regresó mi Compadre y con él un oficial joven, impecablemente uniformado el cual se dirigía a Parral y no tenía inconveniente en hacerlo de pie por lo menos hasta Zacatecas, de manera que reanudamos la marcha.

Una vez que mi Compadre se fue a dormir, el oficial quien dijo llamarse Oscar se acomodó en lo que llamábamos "EL BANCO DE LAS VISITAS", sus pertenencias: un maletín pequeño y un porta trajes de piel de esos caros, fueron puestos en un gancho que traía para tal efecto en la pared entre el sanitario y el asiento de atrás del lado del pasajero.

-Pensé que durante las vacaciones de Navidad no les daban permiso de ir a su casa Oficial.

-Si se trata de algo especial, no hay problema.- Entiendo le respondí

-En mi caso; me voy a casar el día 25, pero me tengo que reportar de inmediato para cubrir el año nuevo.

-¿Y la Luna de Miel?

-Después del día 15 tomaremos un crucero por el Caribe.- No había duda; el Oficial sabia para que servía el dinero.

-Esta es mi novia.- Me dijo al tiempo que me mostraba una foto de su cartera.

- Muy hermosa.- Le comente a la vez que le ofrecí:

- ¿Gustas tomar un café o una "COCA"?

- Por el momento gracias, acabo de cenar.

Poco después de la media noche trato de descansar cruzando sus brazos y poniendo su cabeza sobre los mismos, apague la música para facilitarle las cosas.

No duro mucho el intento y al poco rato reanudamos nuestra conversación:

-¿Y tú en donde vives?

-En Chihuahua.

-¿Entonces te vas a pasar la Navidad en casa?

-Lo voy a intentar, pero en este tiempo no es bueno hacer planes.- Y le explique cómo le hacíamos para poder pasar un tiempo con los nuestros, sin afectar el servicio ni nuestro trabajo.

-Pues; si te toca estar en Parral el día 25, te vas a la boda.

-Gracias por la invitación. Respondí consiente de que en esos días no era bueno hacer planes.

-¿Tienes mucho en la Policía?

-Acabo de cumplir 6 meses.

-Debe de ser muy interesante.-

-También muy peligroso; así como aquí no hay dos corridas iguales, nosotros no tenemos dos turnos iguales.

-En eso estoy de acuerdo contigo.

Luego de poco más de 5 horas estábamos entrando a Zacatecas.

-Ponte listo porque se van a desocupar los asientos 19/20, para que no te vayan a ganar ve y deja tus cosas en los asientos y así podrás descansar un rato antes de que amanezca.

Me bajé a reportarme a la oficina, visitar el sanitario y recoger un café del restaurant. Asegurándome de que no me faltaba ningún pasajero incluyendo al Oficial y una vez que le vi recostado en los asientos que le asigné, nos dispusimos a continuar el viaje.

Uno de los regalos más hermosos que Dios nos brinda cada día tiene que ser el amanecer, sobre todo en el campo donde es todo un espectáculo dependiendo de la época del año, poco a poco se iluminaba mas y mas el horizonte, esa mañana aunque fría era preciosa. Por el espejo interior alcance a ver a mi Compadre que ya se preparaba para el relevo.

-Buenos días "Compadre"- Me saludo a tiempo que se preparaba un café. -Buenos días- respondí:

-Vamos directos hasta Jiménez, ahí se baja el oficial de caminos. El desayuno lo dejo a su criterio pero; si no me levanto no me hable para almorzar, estoy casi seguro que si les faltan carros en Chihuahua nos van a cortar la corrida para sacar turno de ahí.

Todo esto sucedía mientras yo seguía manejando, acabábamos de pasar Fresnillo hacia como 20 minutos. Toda esa información era parte lo que llamábamos **LA ENTREGA DEL CARRO;** al hacer el cambio, el operador relevante tiene que estar al tanto de todo lo que sucede o está por suceder en las próximas 5 o 6 horas de viaje. De pronto se escuchó una detonación que despertó a todos los pasajeros. No cabía la menor duda, había sido un balazo. De inmediato me orillé y encendí las luces de Emergencia.

En medio de los gritos y el escándalo del pasaje, me dirigí a donde venía descansando el Oficial al tiempo que se quejaba en una forma que no encuentro manera de describir ya que no era de llanto ni gemido pero de seguro era la máxima expresión de dolor que jamás había escuchado. Pues que te paso le pregunté, a la vez que trataba de revisarle el cuerpo, como no amanecía del todo, le pedí a mi compadre la lámpara de mano, misma que ya traía consigo, una vez que me alumbro, pude apreciar que manaba mucha sangre de la región abdominal, no cesaba de gritar:

-¡Porque! Si yo mismo le puse el seguro.

-Trata de no habar, ahorita llegamos a Rio Grande y ahí te van a ayudar.- le dije, al tiempo que con la expresión de mi cara le indicaba a mi Compadre que se pusiera en marcha.

-Ya verás que te pondrás bien.- Le decía yo al tiempo que me daba cuenta que la hemorragia no le paraba, prueba inequívoca de que la bala le había dañado órganos vitales.

-Piensa en tu novia.- Le dije como tratando de distraerlo y para que no fuera a perder el conocimiento.

-Oscar- Le grite:

-No te duermas aguanta que ya casi llegamos.- Luego de balbucear algunas incoherencias, sentí que su cuerpo se desvaneció. En ese momento supe que había muerto, recuerdo gritarle a mi Compadre que ya no había prisa y poniéndolo en manos de Dios, le cubrí con la sabana del camarote.

Al llegar a Rio Grande, nadie se quería responsabilizar por el difunto y como apenas amanecía eso complicaba las cosas; por fin conseguí que el jefe de la oficina de Rio Grande me prestara su teléfono para hablar al destacamento de la Policía Federal de Caminos en Fresnillo, Zac. Donde de inmediato enviaron el personal necesario para el caso. Mientras yo hacía esto, mi compadre se encargaba de que el pasaje bajara del carro y se les atendiera con alimentos y visitas al sanitario ya que teníamos que cerrar la unidad por instrucciones de la PFC.

Solo dos oficiales llegaron al lugar aproximadamente una hora después y de inmediato se dieron a la tarea: de inspeccionar el cuerpo uno, e interrogarnos el otro. Los primeros en ser interrogados fuimos mi compadre y yo, y aun cuando fue muy poco lo que pudimos aportar ya que ambos veníamos al frente de la unidad cuando se escucho el balazo, quedamos en calidad de detenidos hasta en tanto se determinaran las causas del deceso. De inmediato y sin querer me acorde de las Reglas de "JUDAS" y no sé porque tuve la impresión de que algo muy serio estaba por acontecer en mi vida. Tuve el impulso de llamar a mi casa pero me controle pensando que Papá se alteraría y no lo quise asustar. Por lo pronto, dijo mi Compadre en tono de broma:

-Vamos comiendo no vaya ser que estos en verdad nos quieran llevar a guardar.

Conforme iban interrogando al pasaje, peritos de la Policía Judicial Federal ya revisaban el cadáver, tomaban fotos, medidas, etc. y de nuevo nos interrogaban a nosotros y al pasaje. En eso un oficial a quién llamaban Esparza, se acerco y nos aconsejo:

Será mejor que pidan otra unidad para que el pasaje continúe su viaje, ya que esta unidad será llevada a Fresnillo para continuar con la investigación. En seguida llamé a Fresnillo para notificarles lo que estaba pasando pero como esa oficina solo contaba con una corrida local, me sugirieron llamar a Zacatecas, una vez que lo hice y sin resultados, llame a Torreón en donde por lo menos me prometieron que le avisarían al jefe de oficina.

Luego de varios intentos sin resultados y ante la exigencia de los Oficiales, optamos por pasar a nuestros ya por demás asustados y molestos pasajeros a las unidades que pasaban por ahí con destino igual al nuestro, procedimiento que nos llevo poco más de una hora. Para entonces ya casi era medio día.

Una vez levantado el cadáver, fue puesto en una de esas bolsas de vinyl negras que se usan para tal efecto y subido a una camioneta del Servicio Médico Forense. Hecho esto y a manera de atención hacia nosotros, se nos permitió manejar a nosotros la unidad a Fresnillo en lugar de pedir una grúa para arrastrarlo.

Al llegar a Fresnillo ya nos esperaba una verdadera turba de medios de comunicación, eran tantas las preguntas que ni se les entendía, todos hablaban al mismo tiempo e insistían en que se les permitiera tomar fotos del asiento en donde había sucedido el percance. De pronto apareció un hombre de aspecto serio cuyo uniforme indicaba que por lo menos ahí el era la máxima autoridad, se trataba del Comandante del destacamento quién se dirigió a los medios más o menos así:

-Señores por el momento lo único que tenemos es el infortunado incidente en el cual perdiera la vida un elemento de la PFC, mismo que viajaba como pasajero hacia la ciudad de Parral, Chih. Los datos personales y detalles del suceso aun no se pueden revelar ya que seguimos investigando los hechos. En la medida que avancen las investigaciones del caso se les informará, muchas gracias.- Y dicho esto se retiro a su oficina indicando a mi Compadre y a mí que le siguiéramos.

Una vez dentro, se presentó con nosotros:

-Soy el comandante Galindo.- Nos pidió disculpas a nombre de sus subordinados por todos los inconvenientes y contratiempos de que habíamos sido víctimas. Nuevamente fuimos interrogados y como yo había tratado más al ahora occiso fui el que más habló mientras lo hacía, me di cuenta de que una señora tomaba notas en taquigrafía, al terminar me pregunto:

-¿Desean agregar algo?

-¿Nos podría decir la razón por la que estábamos detenidos?- El comandante me respondió al tiempo que sonreía:

-Ni ustedes ni la unidad están detenidos, teníamos que agotar todas las líneas de investigación antes de autorizar su partida. Lamentablemente ustedes son los únicos que nos pueden dar la versión más acertada de los hechos, esto es un procedimiento normal durante una investigación como esta, pero en este momento se pueden retirar.

Le di las gracias y antes de salir de su oficina me di la vuelta y le pregunté:

-¿Y qué fue lo que pasó?- Se puso de pie y me dijo:

-Lamentablemente no se lo puedo decir, el motivo es que allá afuera, le espera un ejército de periodistas amarillistas y sin escrúpulos que en lugar de publicar la información que se les da, se dedican a reacomodar lo que se les dice con tal de vender su basura o acaparar horas de audiencia ya sea por radio o televisión. Por lo tanto y hasta que no se determine de manera oficial lo sucedido, esto sigue bajo investigación. Al salir de aquí, ustedes tendrán dos opciones, una aceptar una entrevista y disfrutar de sus cinco minutos de fama; o permanecer callados y cooperar con la investigación en cuyo caso se los voy a agradecer mucho.- Antes de salir le di las gracias de nuevo y respondí:

-Descuide Comandante, puede usted confiar en nuestra discreción; muchas gracias y a sus órdenes-

Antes de reportarnos a la oficina nos detuvimos en la gasolinera eran aproximadamente las 4:00 P.M. Cuando nos reportamos con el jefe de oficina, ahí también fuimos invadidos con preguntas por parte de los compañeros. Al cabo de un rato, nos turnaron para Cd. Juárez en corrida Extra por lo que nos dedicamos a limpiar la unidad por dentro, sobre todo el área del percance donde por supuesto había mucha sangre, la cual ya se encontraba seca y consecuentemente hacia la labor un poco complicada pero nada que un poco de agua caliente y jabón no pudieran remover. Lo que no pudimos encontrar, al menos por el momento fue el orificio causado por la bala ya que aparentemente había atravesado el cuerpo del Oficial.

Apenas tuvimos tiempo de bañarnos cuando ya era hora de salir así que cenaríamos por el camino de manera que mientras mi Compadre se encargó de la documentación del viaje, yo subí el pasaje sin dejar de pensar en los acontecimientos de las últimas horas y en ese pobre muchacho, tan joven y tan corta su vida. Con el tiempo se nos dijo que la detonación vino por accidente ya que el Oficial probablemente removió el seguro sin darse cuenta y al estarse acomodando para dormir se le disparó la pistola con las fatales consecuencias.

A la mañana siguiente sin contratiempos llegamos a Cd. Juárez, yo llegué dormido, mi Compadre se pensaba quedar ya que solo faltaban 4 días para Navidad y el allá vivía, seguía dormido mientras que él se dedicaba a preparar el carro (Lavarlo, cargar Diesel, revisar fluidos, presión en las llantas etc. en otras palabras dejármelo listo para la salida y así permitir que descansara lo más posible.

17:05 Cd. Juárez-Durango

Una vez bañado y comido, me dirigí a la Central de Autobuses para ver si cambiaba mi turno por otro que se adaptara mas a mis necesidades ya que la idea de ir a San Juan de los Lagos no me agradaba mucho. Apenas llegué, vi al Jefe de Servicio que me hacía señas de que me formara, lo cual hice de inmediato ya que como mencioné, no quería sacar el turno a San Juan de los Lagos.

- Te vas a Durango de Extra, tu vete por los papeles que yo subiré el pasaje.- Asintiendo con la cabeza, me dispuse a sacar mi certificado de aptitud Médica (Este se obtenía una vez que nos revisaban la presión arterial, las retinas de los ojos y los reflejos de las piernas y lo extendían Médicos de la Secretaría de Comunicaciones y transportes) y recoger mis documentos de viaje.

La Central de Autobuses para entonces ya obsoleta, no se daba a basto para satisfacer la demanda de pasaje durante la época de vacaciones Navideñas, de manera que se encontraba a toda su capacidad, miles de gentes queriendo llegar a su destino al mismo tiempo entre los que se encontraban muchos paisanos que regresaban después de pasar algún tiempo trabajando en Estados Unidos; una tentación muy grande para los carteristas y toda clase de ladrones. No me sentiría seguro hasta en tanto no estuviera a bordo de mi unidad. De regreso al carro, me dijo el Jefe de Servicios:

-Los 4 lugares que te faltan, van a abordar en el Km. 28 (en ese entonces lugar de la garita de revisión de la aduana)- entregándome los talones de boletos que había cortado se despidió diciendo:

-Si no te cambian, aquí nos vemos pasado mañana.- Nos despedimos consientes de que en esos días nada marcha como debe ser.

Al llegar a la garita de la aduana, me pregunto una señora:

-¿Este será el carro que estamos esperando?

-Si va para Durango este es.- Me mostro sus boletos y efectivamente eran los pasajeros que abordarían en la aduana, de manera que les dije que tan pronto me revisaran el carro les atendería con mucho gusto.

-Pero es que tenemos mucho frío- me dijo la señora y en verdad el frío era de esos que anteceden a una helada.

-Estoy de acuerdo con usted pero si se suben ahorita me los van a bajar los inspectores; dejémosles hacer su trabajo y así nos iremos más pronto-Accedió más a fuerza que de ganas, luego vendría lo peor.

Terminada la revisión y una vez que me hice a un lado para no entorpecer las labores de inspección, le dije a la señora:

-Ahora si permítame ayudarle.

-Traigo estas maletas- En cuanto las vi supe que se avecinaba un problema muy serio ya que traía consigo seis maletas extra grandes que iba a ser imposible poderlas acomodar en la unidad debido a que las cajuelas ya venían llenas a toda su capacidad.

-Discúlpeme pero se equipaje no cabe en las cajuelas.

-Cuando compre los boletos me aseguraron que no habría problema.- Medité un poco antes de responderle:

-Mire señora, en taquillas no le pudieron decir eso porque ellos nada tienen que ver con el equipaje.

-Pues usted verá lo que hace pero me tiene que llevar, vamos a una boda y en esas maletas están los regalos y nuestra ropa.

Después de analizar la situación, Le respondí:

-Mire señora no le pudieron decir eso porque nuestro personal de taquilla esta profesionalmente capacitado- Trató de interrumpirme. --Permítame que le explique por favor: Usted como pasajera tiene derecho a 25 Kilos de equipaje por boleto, y cualquier kilo de más está sujeto a un cargo por exceso, de manera que por favor no me diga que allá en taquilla le dijeron que todo estaba bien porque eso que usted trae ni siquiera califica como equipaje, lo que usted trae es carga; si tiene alguna duda sobre lo que le acabo de explicar, sírvase leer el reverso de su boleto o si lo prefiere pregúntele al oficial Comunicaciones y Transportes que se encuentra en esa patrulla-. Le dije al tiempo que le señalaba con la mano donde estaba la unidad en cuestión.

-Ahora bien; yo tengo las mejores intenciones de ayudarle pero por favor no me mienta porque aparte de que no le va a funcionar, lo voy a considerar un insulto a mi inteligencia.- Y diciendo esto le pedí a uno de sus acompañantes el cual intuí que era su hijo por su parecido, que si me podía ayudar a mover algunas maletas chicas de la cajuela al camarote y fue así que casi una hora después nos pusimos en marcha. Al llegar a Durango ni las gracias me dio y hasta hubiera jurado que al descender evadió mi mirada.

En ese momento no pude evitar el reflexionar lo atrasada que se encuentra nuestra cultura para reconocer el buen desempeño de un servidor público cuando este hace bien su trabajo o va más allá de sus obligaciones con tal de satisfacer las necesidades de un cliente en particular. En cambio son prontos a poner una queja cuando algo nos sale mal y en algunos casos hasta exageran.

¡A nadie se le ocurrió!

Casi todo el camino de Juárez a Durango, me fui reflexionando sobre los acontecimientos de los últimos tres días; desde la muerte del Oficial de Caminos, tener que pasar la Navidad sin mis hijos, hasta el incidente con el equipaje y trataba de encontrar una lógica o una razón a todo eso sin conseguirlo.

Una especie de coraje debido a la impotencia invadió mi interior y hasta llegué a pensar que tal vez manejar autobuses no era lo que yo esperaba y que era tiempo de regresarme a los Estados Unidos, después de todo ya contaba con la experiencia y preparación que necesitaba para ser operador allá y estaba felizmente casado con Silvia, aquella chica que un día se cruzara por mi camino en la Central de Autobuses de Monterrey y a quien ya no dejé escapar la segunda ocasión además había resultado ser una muy prominente comerciante, todo eso contribuyo a mantenerme despierto durante toda la noche.

Una vez que descendió el pasaje y aguardando mi turno para que lavaran el carro, me dediqué a enderezar los asientos, reacomodar las cortinas, vaciar todos los ceniceros, remover periódicos y revistas dejadas por el pasaje, etc.

Al llegar a los asientos de atrás me senté por un momento como meditando en lo que había pensado toda la noche. De pronto me quede mirando hacia el espacio entre la pared y el asiento de atrás del lado del pasajero y di un salto tan alto que por poco y toco el portabultos con la cabeza; no me cabía la menor duda, eran el porta trajes y la pequeña maleta del difunto policía.

De inmediato los quité de ahí y los puse sobre la cama, ambos estaban algo pesados considerando sus dimensiones, movido por la curiosidad, abrí el porta trajes y para mi sorpresa contenía pacas y mas pacas de billetes de altas denominaciones por un total de $ 5 millones 755 mil pesos de aquellos devaluados de 1989. Estaba por abrir la maleta chica, cuando tocaron fuertemente a la puerta:

-Sigues tu.- Me indicaron que era hora de meter el carro a lavar, hasta el sueño se me quitó de la impresión, así que guardé todo inmediatamente y metí la unidad al lavadero.

Mientras lo lavaban, me encerré en el camarote y procedí a abrir la maleta, al hacerlo me encontré con otra sorpresa, solo que esta vez en dólares. En total eran los pesos que mencioné antes mas 42 mil dólares en billetes de 20, 50 y 100, además de 5 centenarios, algunas alhajas entre las que destacaba una cadena de oro blanco con un pendiente de brillantes muy hermoso y dos relojes ROLEX, una pistola calibre 32, una 25 y dos 38. Sin duda, la corporación como le decía el difunto Oficial, rendía sus dividendos.

En esos momentos mi cabeza era una madeja de confusión, no hallaba que hacer y me preguntaba, como fue posible que durante las investigaciones, a nadie se le ocurriera preguntar si traía o no equipaje, y lo más sorprendente de todo, como había pasado la inspección en la Aduana al salir de Juárez cuando a mi me habían hecho vaciar el contenido de mi maleta en más de una ocasión. Pero lo que si estaba raro es que el porta trajes tenía un sello con el escudo de la PFC bastante visible incluso desde una distancia considerable y aún así a nadie se le ocurrió preguntar por él en Fresnillo, hasta a mi Compadre se le pasó de otra manera me lo habría hecho saber de inmediato, lo cierto era que ahí estaba todo ese dinero, cuya existencia era desconocida y la verdad sea dicha, me estaba haciendo muchas cosquillas.

Una vez lavado el carro, almorcé y decidí dormir en el camarote, de ninguna manera iba a dejar ese dinero solo un segundo, necesitaba descansar ya que por la noche me esperaba otro turno de toda la noche de modo que escondí muy bien el dinero y las pistolas, ya se me ocurriría que hacer.

Por lo pronto, no tomaría una decisión de inmediato y tan a la ligera para no tener que arrepentirme después.

22:00 Durango-Guadalajara

Volví a cambiar el turno, y en lugar de regresarme a Cd. Juárez me fui a Guadalajara para así evitar otra inspección en la aduana en la Central de Autobuses. Esa noche, todo el camino me fui pensando en todas las posibilidades que de pronto se presentaban en mi vida. Una cosa era segura, cualquiera que fuera mi decisión, tenía que esperar un buen tiempo antes de poder disponer de ese dinero para no llamar mucho la atención. La idea de regresar a la escuela de aviación cruzó por mi mente un par de veces. Por lo pronto y poco a poco le remodelaría su casa a Mamá que tanto lo necesitaba.

A la mañana siguiente, abrí dos cuentas personales en un banco de Guadalajara con sucursales en todo el país, una de ahorros y una de cheques, con suficiente saldo para tener acceso a una caja de seguridad lo suficientemente grande y ahí fue a dar todo el dinero junto con los centenarios y el resto de las cosas. Ahí estarían seguros hasta en tanto me decidiera que hacer, mientras tanto dejé suficiente dinero para empezar a reparar la casa de Mamá que ya lo necesitaba y de paso irme a descansar unos días una vez terminado el periodo vacacional.

Aun no sabía cómo darle la noticia a Silvia pero eso no me preocupaba ya que en más de una ocasión me había dado muestras de ser una mujer muy centrada y realista. Conocía lo suficientemente a mi Compadre como para no confiarle nada de esto; en su momento le recompensaría y muy bien por considerarlo parte de esto.

Los "defeños" y la nieve

17:00 Hrs. Cd. Juárez – Ojinaga

A principios de Febrero todavía resentíamos los estragos del invierno que ese año se había caracterizado por ser uno de los más crudos de que se tenga memoria. Era el último fin de semana que trabajaba antes de irme a disfrutar de unas merecidas vacaciones, tanto Silvia como yo habíamos trabajado muy duro ese Diciembre y queríamos empezar a planificar la familia. Mi compadre no cesaba en su afán de hacerme sentir culpable porque no lo había invitado.

-Y como quiere que lo invite compadre, se supone que voy a descansar de todo.

-¿Incluyéndome a mí?

-¡Descansar Compadre!

Pero no se me "agüite, le voy a traer su playera, su llavero y le voy a mandar una postal.

Al llegar a Nuevo Casas Grandes, notamos que el carro que había salido delante de nosotros a la una de la tarde aun estaba ahí, pensando que se había descompuesto preguntamos en la oficina por los operadores, la respuesta fue una que no esperábamos.

-No hay paso en la sierra de manera que hasta aquí llegaron- nos informo el empleado de la taquilla. Entonces mi compadre pregunto:

-¿Cual es el problema?

-Está nevando en "Las Emes".- Nos respondió el mismo empleado refiriéndose a la sierra.

-Tanto que no hemos recibido ningún carro procedente del sur en todo el día- Al oír esto, lo primero que se me ocurrió fue pensar en mis vacaciones y que una vez más las iba a tener que cancelar.

De manera que le pedí al jefe de oficina que hablara por teléfono a la policía de caminos para verificar el estado de la carretera advirtiéndole que si no estaba cerrada a la circulación, no cortaríamos la corrida con lo cual estuvo de acuerdo ya que había mucho pasaje.

En medio de una apretada lluvia con un viento helado que en ocasiones parecía cortar la cara, caminamos al restaurante de enfrente mi compadre y yo con el fin de cenar mientras recibíamos el informe. Una vez ahí nos encontramos con la tripulación del carro que iba delante de nosotros, al vernos nos preguntaron:

-¿Saben de algún lugar donde divertirse aquí en Casas Grandes?-

-Aquí no hay nada compañeros.- Se notaba que eran operadores recientes y todavía no conocían muy bien la ruta, por su acento deduje que eran de la Capital del país.

-Y porque mejor no nos vamos juntos- Les propuse:

-De esa manera el pasaje saldría beneficiado y no tendrían que pasar la noche en un pueblo que carece de vida nocturna.- Ambos declinaron mi oferta aduciendo que no sabían manejar en la nieve y preferían no arriesgarse. Al término de la cena nos aviso el Jefe de Oficina:

-A pesar de la nieve, la carretera se encuentra en condiciones transitables, por lo tanto ambos carros se iban a ir- Al oír esto los compañeros del otro carro se negaron a salir alegando que no tenían experiencia y que el Jefe no los podía obligar a salir en esas condiciones, esto último no era verdad pero decidimos no intervenir por tratarse de un asunto entre ellos, liquidamos la cuenta y regresamos para subir el pasaje ya que nos esperaba una noche de mucho trabajo.

Mientras recibía al pasaje le encargue a mi compadre que se fuera a la farmacia a comprar un litro de alcohol ya que nos haría falta para los vidrios delanteros y los espejos. Por el grado de peligrosidad decidimos no llevar pasajeros de pie.

Casi para salir, se me acerco uno de los compañeros del otro carro para preguntarme si en realidad era tan fácil manejar en la nieve, ante tal pregunta le respondí:

-Todo piso en condiciones anormales es peligroso, para eso hay que tomar medidas que te ayuden a darle más agarre al piso- al decirle esto se animo y me hizo otra pregunta:

-¿Tú crees que si me voy detrás de ti me podrías enseñar?- le conteste afirmativamente por lo que se fue a la taquilla para que le vendieran a su carro, después de todo era viernes por la noche y había bastante pasaje.

Al ponernos en marcha, ceso la lluvia, faltaban más o menos 70 kilómetros para empezar a subir la sierra conocida como "Las Emes" así que le dije a mi compadre que se fuera a descansar por si le necesitaba más adelante, una vez ahí me paré sobre la carpeta ya que no había nada de tráfico y le hice señas al carro de atrás para que hiciera lo mismo ya que carecía de Radio de Banda Civil. Debidamente abrigado y con mis guantes, me dispuse a sacarle aire a las llantas y descargar las bolsas de la suspensión al tiempo que le indicaba a mí colega que hiciera lo propio en medio de una torrencial agua/nieve.

-Pon mucha atención; tu vida y la de los pasajeros depende de que hagas lo que yo te digo: Reduce las llantas delanteras a 70 libras y las traseras a 60, y deja sin aire en las bolsas de la suspensión, moja una franela con alcohol y limpia los espejos al igual que él parabrisas por dentro, asegúrate de que tus llantas pasen exactamente por encima de la marca que dejen las mías, y cuando comencemos el descenso por ningún motivo le saques la segunda velocidad ni vayas a acelerar, déjalo que se vaya solo. Le fui explicando que guardara una distancia más prolongada que la normal detrás de mí y que por ningún motivo usara los frenos de manera brusca.

-¿Alguna pregunta?- Le dije antes de arrancarnos.

-Si- Respondió intrigado

-¿Cuáles son las bolsas de aire?- Me preguntó con una expresión de susto en su rostro.

Decidí despertar a mi compadre mientras lo dejaba sacando el aire de las llantas ya que no le creí capacitado para lo que estábamos a punto de hacer y no iba yo a poner a tantas vidas en peligro, al abrir la puerta mi compadre quién ya se había levantado limpiaba afanosamente él para brisas por dentro con la franela impregnada de alcohol y como adivinando lo que iba a suceder con nuestros colegas me preguntó:

-¿Cuál quiere compadre?

-Será mejor que me vaya con ellos pero déjeme ir por delante.

-Por lo menos despierta a tu compañero para que ambos se fijen como se trabaja bajo condiciones tan extremas.- Le dije al colega mientras iniciábamos la marcha. Con excepción del agua/nieve que no cesaba, la subida fue sin problemas, con curiosidad uno de ellos me preguntó:

-¿Y usted donde aprendió a manejar en la nieve?- sin descuidar la carretera le respondí:

-Manejé trailers en Estados Unidos durante 10 años, después de manejar entre las montañas de Colorado, Utah, Oregon, Montana y Washington, etc. en donde las tormentas de nieve duran hasta 4 días y tienen cuestas de 16 a 22 millas de largo, esto no es nada le respondí.

Una vez en la cima la nieve cubría en su totalidad la carpeta haciendo por momentos imposible determinar el centro de la misma, aunado a esto la visibilidad era por momentos casi nula ya que nevaba intensamente.

De pronto alcancé a ver el reflejo de un vehículo aproximadamente 500 metros adelante, pegado al cerro y sin luces, se trataba de una camioneta, señalé de inmediato a mi compadre y solté el acelerador por completo hasta hacer alto total. Con las luces de emergencia y el freno puesto, abrí la puerta para permitir que subieran, una pareja relativamente joven, dos niños y una perra, los cuales se encontraban varados desde hacia algunas horas, por lo que ya eran víctimas de la hipotermia. -Gracias a Dios que se detuvo señor-

Una vez a bordo y con el calor de la unidad se fueron recuperando poco a poco. Continuamos el descenso en segunda velocidad y sin acelerar hasta dejar atrás la nieve. Curiosamente el otro lado de las montañas estaba seco y el cielo tan estrellado que con excepción del frio, no había huella de lo que acabábamos de vivir allá arriba. Al llegar a Zaragoza mi amigo el "Indio" quien era el Jefe de la Oficina nos recibió con una buena taza de café ya que por teléfono le habían avisado que íbamos en camino. La familia que habíamos levantado en la cima ya comía algo que les preparo la esposa del "Indio" nos dio las gracias y nos lleno de bendiciones, fue hasta entonces que comprendí que de no haber sido por nosotros, todos ellos se hubieran muerto congelados, al despedirnos el señor estrecho mi mano y me dijo:

-Muchas gracias por salvar a mi familia-.

Antes de reanudar el viaje, llenamos las llantas a su presión normal así como la suspensión, con mi compadre en los controles, continuamos directos hasta Chihuahua ya que nos pasaron el pasaje del otro carro con lo que se llenó el nuestro, ellos seguirían poco más tarde parando en todas las terminales. Ya en la carretera mi compadre comento en relación a los colegas del otro carro:

-Pobres "Chilangos" en México me dan miedo, pero fuera de ahí me dan lástima- como respuesta le conteste:

-Bueno "Compadrito" yo ya estoy oficialmente de vacaciones así es que no me moleste hasta dentro de 15 días- y me fui a dormir.

Nunca nos preparamos para esto

-¿Seguro que es una intervención de rutina?- Pregunté al Doctor mientras

Firmaba los documentos que autorizaban la operación de Silvia. Se venía quejando de un dolor en el vientre desde temprano el cual resultó ser apendicitis, aun cuando siempre fue una mujer sana esto fue una de esas cosas que nadie anticipo, me tranquilizaba el hecho de estar en casa descansando cuando esto paso y no de viaje.

La operación transcurrió sin contratiempos, unas horas y un ramo de Rosas después conversábamos sobre los pormenores de la misma y lo que sería su terapia de recuperación, por la tarde regresaría para llevarla a casa una vez dada de alta.

-Porque no se puede ir a casa- Pregunte preocupado al Doctor.

-No es nada serio, en las últimas dos horas desarrollo un cuadro de fiebre y quiero estar seguro de que todo está bien, mañana por la mañana te la podrás llevar.

-Descuida- Me dijo Silvia.

-Estoy segura de que no es nada, yo me siento tan bien que hasta tengo un poco de hambre.

-Le voy a preguntar a la enfermera que puedes comer y enseguida te lo traigo.

-Aguarda-. Me detuvo

-Quédate conmigo; no quiero estar sola.- Me quedé con ella hasta que se termino la hora de visitas, antes de irme me pidió que la abrasara y fue aquel abrazo tan intenso como cada vez que me iba de viaje. Después de una larga lista de artículos personales que tenía que traerle por la mañana de la casa para su arreglo personal, me despedí de nuevo.

Al llegar a casa prepare las cosas que me habia encargado y las puse cerca de la puerta. Había sido un día muy agitado así que me bañe y casi de inmediato me quede dormido. Poco después de las tres de la mañana, sonó el teléfono.

-¿Si?- Contesté aun medio dormido.

-Habla el doctor Franco, ¿Puedes venir al hospital de inmediato?

-¿Que pasa Doctor?

-No existe una manera fácil de decirte esto, se trata de tu esposa; Acaba de morir- Momentánea mente me quede mudo ante la noticia pero una vez que me repuse:

-No entiendo si solo tenía un poco de fiebre cuando la deje anoche.

-Te lo explicare todo en cuanto llegues.

Trastornado por la noticia, me levante de inmediato, aun no podía creer lo que me estaba pasando, camino al hospital me hacia toda clase de preguntas y no lograba digerir aquello.

Al llegar al hospital ya la habían bajado al sótano, su cuerpo inerte aun estaba caliente, clara muestra de que no tenía mucho que había fallecido. No pude más y estallé en llanto, todos nuestros sueños, nuestros planes, y nuestras ilusiones, de pronto se desvanecían, todo se encontraba ahí sobre aquella mesa de autopsias. Trate de reponerme, tenía muchas cosas que hacer y necesitaba de toda mi serenidad y capacidad de razonamiento para no hacer ni decir algo de lo que tuviera que arrepentirme. De inmediato me fui al consultorio del Doctor:

-OK Doctorcito tiene muchas preguntas que responder y no me voy a ir aquí hasta en tanto no esté satisfecho con sus respuestas.- Le dije mirándole fijamente a los ojos para que entendiera la seriedad de mi curiosidad al tiempo que cerraba con llave la puerta de su oficina.

-Primero que nada: ¿De qué murió mi esposa?- Con cierto temor me respondió:

-Se le reventó la vesícula.

-¿Y qué tiene que ver la vesícula con la apéndice?

-¡Absolutamente nada! lo que paso es que nunca relacionamos una cosa con la otra y como le acabábamos de operar de la apéndice pues nunca se nos ocurrió hacerle otro tipo de pruebas, además ella nunca se quejó de ningún dolor abdominal, pensamos que debido al medicamento para el dolor que se le administro después de la intervención.

- Espero por su propio bien que me este hablando con la verdad, voy a ordenar la autopsia pero en otra parte, después de esto no creo quedar satisfecho si los dejo hacerla a ustedes.- Y me dirigí a la puerta, antes de salir me dijo.

Si le sirve de algo, la señora no sufrió ni siquiera sintió cuando le llego su momento.

Por la mañana me fui a buscar a mi compadre el Capitán Peña, sub-jefe de la Policía municipal y policía de toda su vida, una vez que le informe de lo sucedido, se ofreció a ayudarme con la autopsia y de inmediato ordeno el traslado de Silvia a las instalaciones del anfiteatro Municipal. El resultado de la autopsia explico en detalle lo que ya el doctor me había dicho.

Ya en la funeraria fui el primero en verle, ahí estaba más hermosa que aquella noche en la central de Monterrey, con aquel vestido Gris Humo que se compró en su primer viaje a la Cd. de México y que tanto le gustaba ponerse para ir a misa, sin embargo no me hacía a la idea de que fuera ella la que estaba dentro de ese féretro. Empecé a recordar como discutíamos cada vez que pretendía enseñarle todo lo que tendría que hacer en caso de que algo me llegara a suceder:

-Ya te dije que no quiero.- Me respondió entre molesta y suplicante.

-Necesitamos hacerlo "mí niña", es por tu bien.

-No; porque a ti nunca te va a pasar nada.

-La verdad es que no sabemos y esto es como la Cruz Roja "tesoro" más vale tenerla y no necesitarla que; ándale deja te enseño toma en cuenta que si algo me llegara a suceder estarás mejor preparada para enfrentarte a la vida, además en cuanto aprendas para que son todos y cada uno de estos documentos, se van a ir a guardar de nuevo a la caja de seguridad del banco en Guadalajara.

-Pues ya te dije que no quiero y por favor ya no insistas.

-Está bien, solo prométeme que lo pensaras, y si me piensas dar hijos, por ellos lo deberás de hacer tarde o temprano.- Y empecé a guardar todos los papeles de nuevo.

- ¡Aguarda! – Luego de una pausa:

- Está bien "NENE" tu ganas vamos a ver esos documentos para ti tan importantes.

-Gracias "cariño" sabía que entenderías. Fíjate bien: lo primero es una lista de todos los documentos que se encuentran en este maletín, están en orden de importancia, primero que nada el seguro de vida, luego el del sindicato, si hay que hacer traslados de cualesquier parte de México para Chihuahua la empresa los tiene que cubrir, etc.- Y así le fui explicando todo lo que tendría que hacer y dándole nombres de personas que tendría que ver tanto en México como en Aguascalientes Para que le dieran los dineros del seguro de vida, de viajero, prestaciones etc.

-¿Te das cuenta de una cosa "NENE"?

-No Reyna, ¿dime?

-Vales mas muerto que vivo.

-Sí; pero no estés agarrando ideas.

Si quieres hacer reír a Dios; platícale tus planes

Ese parecía ser el caso, siempre la prepare por si a caso me llegara a pasar algo en la carretera, después de todo yo estaba más expuesto por mi trabajo, pero para esto no estaba preparado, afortunadamente ahí estaba mi Padre a mi lado el siempre tuvo una respuesta para todo. Los Padres y demás parientes de Silvia llegaron por la tarde toda vez que Mamá se había encargado de llamarles.

El Velatorio me hizo volver a la realidad, algunos compañeros Operadores estuvieron conmigo al igual que el Jefe de Oficina y personal de taquilla, antes de despedirse el Jefe me indico que mandaría dos unidades por la mañana antes del funeral para que dispusiera de ellas.

A las 11:00 del día siguiente fue la misa de cuerpo presente. Antes de cerrar el ataúd, les pedí un minuto, entonces saque de mi bolsa aquel Crucifijo que una vez me diera, lo puse entre sus manos y le dije:

-Me prestaste este crucifijo por considerar que me protegería mejor que tu.

Hoy te lo regreso no porque lo vayas a necesitar más que yo sino porque a partir de este momento ya no quiero nada que no sea volver a estar junto a ti pero para siempre.

¡Hasta Entonces!

Y bese su frente en señal de despedida.

Una vez en el panteón, No pude mas y deje salir mis sentimientos lloré como nunca antes, ninguna experiencia por muy triste, cruda y desgarradora que jamás haya experimentado hombre alguno se comparaba con lo que estaba yo viviendo, ni las palabras del sacerdote ni las de Mamá lograban penetrar en mi cerebro, lo único que quería en ese momento era consumirme por completo y reunirme con Silvia en la otra vida. Hubo de intervenir Papá y pedir a todos que me dejaran desahogarme y en un fuerte abrazo me invito a que lo hiciera.

Después del funeral, alguien dijo algunas palabras de agradecimiento en mi nombre ya que yo me encontraba indispuesto y poco a poco se fueron despidiendo la mayoría de las amistades. Mi Madre insistió en que me fuera a Torreón unos días, le respondí:

-Gracias Mamá; lo que realmente necesito es ponerme a trabajar de inmediato.- De manera que puse manos a la obra y comencé a empacar y a preparar mis uniformes para regresar a la carretera cuanto antes. Esa noche salimos para México de paso llegué a Torreón a dejar a Mamá en su casa.

Ya en camino meditaba en el vuelco que de repente había dado mi vida y en las consecuencias que todo este acontecimiento me traería. Después de manejar toda la noche y desayunar en Querétaro, le dije a mi Compadre:

-Creo que ha llegado el momento de despedirme de la carretera.

-¿Está seguro compadre?

-Ese es el problema, no estoy seguro, lo que si se en que me hace falta un cambio y que mientras siga aquí ese cambio nunca se va a dar.

-Creo que le conviene pensar muy bien lo que va a hacer, no vaya a ser que después se arrepienta y luego que va a hacer.

-Una vez más tiene toda la razón; Llegando a México voy a sacar cita con la Psicóloga y a ver qué me dice.

-Eso es lo mejor Compadre; de cualquier modo nunca olvide que aquí estaré yo para apoyarlo en lo que usted decida.

-Gracias Compadre Gracias por todo.

La visita con la Psicóloga me hizo ver las cosas desde una perspectiva realista, me invito a no tomar ninguna decisión hasta en tanto no me sintiera más tranquilo, pero definitivamente apoyaba la idea de continuar trabajando.

Por andar de resbaloso

Siempre que presencié un accidente o algún compañero tuvo la desgracia de pasar a mejor vida, me pregunté cómo y cuando mi carrera iba a llegar a su fin, cualquier compañero que niegue esta experiencia estará mintiendo sobre todo cuando se está expuesto al peligro constantemente. El morir trágicamente en un accidente siempre estuvo latente dentro de mí, también pensé en la posibilidad de que llegado el día, cambiar el volante por algún puesto administrativo dentro de la empresa, sin embargo nadie sabe lo que hay en el futuro de cada uno de nosotros.

Aquella fría mañana me fui al taller para darle servicio al carro, la bonanza decembrina había llegado a su fin y por fin tenía tiempo de cambiar aceite, filtros, engrasar y aprovechar para hacer las reparaciones que no se hicieron en su momento por falta de tiempo. Terminado esto, me disponía a sacar el carro de la fosa del taller y al estar recargando los tanques de aire, me dije;

-Será mejor que revise las puertas del motor y me asegure de que las cerraron bien.

Caminaba hacia la parte posterior del carro cuando accidentalmente resbalé y caí al piso debido a que había diesel tirado, dándome tremendo golpe en la cabeza y nuca mismo que casi me hace perder el conocimiento; con ayuda de los mecánicos y el jefe del taller, me sentaron en el asiento delantero para darme tiempo a sentirme mejor, pero como el dolor en el cuello fuera creciendo conforme pasaba el tiempo, fui llevado a una clínica particular ya que el golpe requería atención medica.

Una vez ahí, me administraron medicamento para el dolor y me pusieron un cuello ortopédico para inmovilizar la cabeza; era lo único que podían hacer ya que en ese tiempo vivía en Torreón, tendría que esperar a sentirme mejor para poder hacer el viaje e ir con un especialista.

Ya en casa, fui a ver a un quiropráctico recomendado por un compadre de Papá, después de analizar las radiografías y auscultarme ordenó otros estudios que resultaron inútiles además de extremadamente dolorosos, dos semanas después decidí que era tiempo de buscar una segunda opinión. Fue entonces que mi hermana Claudia me llevo con una doctora en Acupuntura oriental misma que de inmediato me hizo sentir un alivio casi total de manera que me puse en sus manos y durante los siguientes tres meses conseguí casi una total recuperación y aun cuando volví a manejar, me resultaba cada vez más difícil permanecer sentado por largos periodos de tiempo entonces comprendí que por fin había llegado mi hora de dejar el volante.

Era difícil aceptar que mis días como operador habían llegado a su fin mas de acuerdo con los Doctores esa era la triste realidad, la caída había sido más seria de lo que imagine, me había dañado un par de discos en la parte superior de la columna, y entre más pronto lo aceptara sería mejor,

Con el paso de los años y aunque no me resultó fácil, he aprendido a vivir fuera de ese ambiente que durante tantos años fue mi vida, sin embargo a pesar de que ya me resigné: "Nomas miro los huacales y me acuerdo de mis gallinas"

Después de todo no me podía quejar, fue una gran época y estuvo llena de satisfacciones y bonitas experiencias, por lo pronto me iría a conocer México como pasajero, sin itinerarios y sin prisas. Empezaría por la siempre hermosa PERLA DE OCCIDENTE: *"Guadalajara"* despues de todo tenía más de un motivo para que en ese hermoso lugar diera principio mi siguiente aventura.

Fin

ALGO DE VITAL IMPORTANCIA

Antes de darle las gracias por su tiempo, quisiera que por favor repasara las notas que a continuación le comparto. Ambas están encaminadas a facilitarle las cosas en su próximo viaje por carretera. En ellas aprenderá paso a paso que hacer antes de salir de viaje y durante el mismo; también como reaccionar ante un accidente, espero que le sean de gran utilidad la próxima vez que le toque sentarse detrás del volante.

Como prepararse para un viaje por carretera.

Si va a viajar por carretera y no está acostumbrado o no tiene experiencia en este tipo de manejo, es importante observar las siguientes normas antes de salir si es que quiere reducir al mínimo su riesgo de tener un percance o quedarse varado en la carretera debido a una negligencia mecánica.

Siempre he sostenido que es mejor y más seguro manejar durante la noche enseguida algunas razones que avalan mi teoría:

Menos tráfico: Una gran mayoría de camiones de carga no opera por la noche.

Menos calor: Consecuentemente las llantas y la máquina se calentaran menos.

Al no haber sol, no habrá rayos que lastimen su visibilidad.

Revise su vehículo por completo esto incluye:

Revisar los niveles de fluidos (agua, aceite del motor, transmisión, diferencial, la bomba de la dirección y líquido de frenos, el Agua o anticongelante.

Presión del aire de las llantas incluyendo la de repuesto; tome en cuenta que no por ser la llanta de repuesto no debe de estar en óptimas condiciones de servicio.

Sistema de frenado,

Luces exteriores

Aire acondicionado

Equipo de emergencia: Lámpara de mano, un juego de herramienta básica, reflejantes de emergencia, suficiente agua tanto para tomar como para el vehículo, aceite adicional y equipo de primeros auxilios.

Evite manejar cansado o bajo estrés

Descanse bien antes de salir; no importa cuan largo sea o el motivo de su viaje el hacerlo bien descansado le ayudara a reaccionar mejor ante cualquier eventualidad.

En cuanto se sienta cansado, deténgase y baje un rato, relájese, respire profundamente y estire las piernas.

Esto le ayudara a continuar por otro periodo razonable dependiendo de lo acostumbrado que este a manejar, sin embargo si a pesar de todo esto siente que el cansancio no cede, deténgase inmediatamente. Bajo ninguna circunstancia se arriesgue a continuar manejando cansado, busque un buen hotel en donde descansar y después de hacerlo, dese un buen baño, solo así podrá continuar su viaje y llegar a su destino.

Luces encendidas

Ya sea de día o de noche, conduzca con todas las luces encendidas, estas no únicamente son para ver mejor de noche, sino para ser vistos a todas horas y desde una distancia considerable, la mayoría de los vehículos de modelo reciente están equipadas con un sensor para tal efecto. Pero por favor y por la seguridad del tráfico en dirección opuesta a la suya: *POR LA NOCHE MANEJE CON SU LUZ BAJA.*

Avise con tiempo

Al manejar en carretera hay que tomar en cuenta que va transitando a mayor velocidad de la que usted acostumbra, por lo tanto deberá de anunciar sus movimientos y cambios con mayor anticipación (Alto, cambio de carril, salirse de la circulación, vuelta a la izquierda o derecha, etc.). Por último y sobre todo más importante: no hay altos parciales, ni medios altos, ni semi altos, un alto es eso: *UN ALTO TOTAL.*

El clima y la carretera

Las condiciones climáticas son un factor muy importante para su seguridad. Cada fenómeno atmosférico nos dicta diferentes tácticas de manejo que se deben observar para incrementar su seguridad. Sin embargo el primer paso será siempre: **REDUSCA LA VELOCIDAD Y ASEGURE EL VOLANTE CON AMBAS MANOS,** bajo cualquiera de estas condiciones. *Piso Mojado, Tolvaneras, Nieve y Niebla.*

Hombres trabajando

Siempre que vea este anuncio preventivo, tómelo con la seriedad y responsabilidad que este implica, el tomarlo a la ligera puede provocarle un accidente de fatales consecuencias; de acuerdo con estadísticas oficiales, cada año mueren de doce a quince trabajadores del camino a causa de la falta de precaución de los conductores al cruzar por una zona de trabajo carretero, por lo tanto siempre que llegue a una de estas áreas, **REDUSCA LA VELOCIDAD Y PROCEDA CON PRECAUCION.**

Usted y el resto del tráfico

Por último; Maneje siempre a la defensiva. Cualquiera que sea el motivo de su viaje, nada justifica el manejar con exceso de velocidad o falta de precaución y sobre todo: *Ignore al conductor agresivo,* ese que sale a la carretera a darnos un ejemplo muy claro de lo que no debemos hacer al conducir. Darle importancia a sus provocaciones solo traerá como resultado el que muy pronto haya dos conductores agresivos y no uno.

En lugar de darle entrada a las provocaciones o fabricarse excusas para hacer a un lado su seguridad y la de los que le acompañen, traiga a su memoria la imagen de quienes le esperan en casa; desde el más pequeño hasta el mayor y de inmediato se dará cuenta de que no vale la pena exponerse a perder todo eso por la irresponsabilidad de un desconocido.

Otra muy buena costumbre es traer las fotos de sus seres queridos adheridas al tablero de instrumentos o en algún lugar visible; a partir de ese momento no habrá nada mas importante para usted que llegar a casa sano y salvo. La próxima vez que viaje en autobús, fíjese en el área del operador y verá en algún lugar las fotos de sus hijos, padres, etc., ahora ya sabe que hacen ahí.

Finalmente si todo lo anterior le resulta difícil de aprender y más que nada poner en práctica, deje el manejo en manos de los profesionales del volante y olvídese de preocupaciones.

EN CASO DE ACCIDENTE

Aun cuando las probabilidades de que le toque presenciar un percance o Dios no lo quiera participar en uno sean mínimas, es muy importante saber que hacer antes de querer asistir a las víctimas. Si no sabe qué hacer, lo mejor que puede hacer es:

¡NO SE DETENGA! Disminuya su velocidad y continúe con precaución.

En caso de que la circulación esté interrumpida:

¡PERMANESCA EN SU VEHICULO, QUITESE DE EN MEDIO Y NO ESTORBE! En esos momentos los segundos cuentan para alguien que se esté desangrando o peor aun con una hemorragia interna.

Si usted ha tenido algún curso de primeros auxilios y sabe como rescatar y movilizar heridos y tiene los nervios para hacerlo, hágalo pero antes asegúrese de proteger la integridad de aquellos que viajan con usted:

Salgase de la carpeta asfáltica y estaciónese a una distancia prudente del tráfico.

Antes de dejar su vehículo asegúrese de no dejar menores desatendidos y que las luces de su vehículo permanezcan encendidas, incluyendo las de emergencia sin importar la hora del día. Es importante que el accidente sea visible desde una distancia considerable y en ambos sentidos de la carretera.

Una vez en la escena del accidente, determinar quién requiere atención más inmediata, en esos momentos los segundos pueden ser vitales para algunas de las víctimas. Una vez evaluada la gravedad de los heridos y contenidas hemorragias o inmovilizadas las extremidades fracturadas, proceda a remover los heridos y procurar su transportación segura y eficaz lo más pronto posible al hospital más cercano...............

BIOGRAFIA

 Originario de la ciudad de Torreón, Coah. México Estudie la Primaria, la Secundaria y una carrerra Comercial para luego trasladarme a la ciudad de México con la intencion de convertirme en Piloto Comercial.

Desilucionado al no poder costearme los estudios y verme forzado a avandonar la escuela a medio camino, un buen dia durante un viaje de fin de semana por aoutobus descubri que era eso mi futuro, algo asi como mi premio de consolacion, sin embargo seria hasta la edad de 29 años y despues de conducir tracto camiones en los Estados Unidos que pase a formar parte de esa gran profesion que es el Aotutransporte de Pasajeros.

Fue hasta entonces que tuve la sensacion de haber realizado mi proposito en esta vida y que todos los años anteriores solo fueron una constante preparacion para poder desarrollar mi trabajo con en profesionalismo y dedicacion que de mi se esperaba.

En medio del auto exilio por el cual me vi forzado a dejar mi tan querido México por la falta de oportunidades para la gente de mi edad, me diedico a manejar un parque de Casas Mobiles en el estado norteamericano de California, trabajo que me ha dado la libertad de escribir este mi primer libro.